Die Preßgesetze des Erdballs

Band V

Die Preßgesetze des Erdballs

In Verbindung mit dem

Institut für ausländisches öffentliches Recht und Völkerrecht in Berlin

und der

Fédération Internationale des Journalistes

Herausgegeben von:

Dr. Viktor Bruns
ordentlichem Professor des öffentlichen Rechts an der Universität Berlin und Direktor des Instituts für ausländisches öffentliches Recht und Völkerrecht

Dr. Kurt Häntzschel
Ministerialdirigenten im Reichsministerium des Innern, Dozenten für Preßrecht an der Universitat Berlin, Vorsitzenden der Internationalen Preßrechtskommission der Fédération Internationale des Journalistes

Band V

1930

Verlag von Georg Stilke, Berlin

Das schwedische Preßrecht

von

Professor Dr. Otto Varenius

1930

Verlag von Georg Stilke, Berlin

Schettlerdruck, Köthen (Anhalt)

Inhaltsverzeichnis

Schrifttum

I. Darstellungen.

Die ausführlichste Gesamtdarstellung des schwedischen Preßrechts ist H. L. Rydins jetzt allerdings veraltete Arbeit: „Über die Meinungs- und Preßfreiheit", Stockholm 1859. Ihr historischer Teil ist auch heute noch wertvoll. Eine kürzere Übersicht gibt Chr. Naumann in seinem jetzt gleichfalls veralteten Werk „Schwedisches Staatsrecht", 4. Teil, Stockholm 1884. An Spezialuntersuchungen ist zu nennen: J. Ask: „Die preßrechtliche Verantwortlichkeit", Lund 1890; C. A. Reuterskiöld: „Anklagerecht und Verteidigungspflicht" in Statsv. Tidskr. 1898, und vor allem N. Alexanderson: „Vorlesungen über den schwedischen Preßprozeß", Upsala 1907; ferner: „Entwurf und Begründung einer Presseverordnung", abgegeben am 29. Dezember 1912 von einem Sonderausschuß des Justizministeriums. Alexanderson gehörte zu den Mitgliedern dieses Ausschusses. Neben diesem Entwurf geben seine oben erwähnten Vorlesungen die beste Einführung in das geltende Preßrecht. Beide Arbeiten sind der nachfolgenden Darstellung in großem Umfange zugrunde gelegt worden.

Eine rechtspolitische Spezialarbeit sind N. Herlitz' in amtlichem Auftrage verfaßte „Untersuchungen und Vorschläge zu einer Änderung der Bestimmungen über die Veröffentlichung amtlicher Urkunden und Akten", Stockholm 1927 (zit. Herlitz). An überwiegend historischen Arbeiten sind zu erwähnen: H. Schück, „Geschichte des schwedischen Verlagsbuchhandels", Stockholm 1923; O. Sylwan, „Die Geschichte der schwedischen Presse bis zur Staatsumwälzung von 1772" und Klemming, „Versuch einer Geschichte der schwedischen Buchdruckereien", Stockholm 1871 bis 1877 (zit. Klemming). Eine rechtshistorische Untersuchung und ein Hauptwerk auf einem Grenzgebiet des Preßrechts ist die Arbeit G. Ebersteins „Das schwedische Urheberrecht", Stockholm 1923/25 (zit. Eberstein).

II. Gesetzesausgaben und Kommentare.

E. Hildebrand: Sveriges regeringsformer 1634—1809 samt konungaförsäkringar 1611—1800, Stockholm 1891.

A. Brusewitz: Frihetstidens grundlagar, Stockholm 1916. cit. Brusewitz.

A. A. v. Stiernman: Samling utav Kongl. brev. etc. angående Sveriges rikes Commerce, politie och oekonomi, I—VI, Stockholm 1747— 1775. cit. Stiernman.

R. G. Modée: Utdrag utur alla ifrån den 7 december 1718 utkomma publique handlingar etc., I—XV, geht bis zum Ende des Jahres 1794, Stockholm 1742—1829; und I—IV von Modée selbst herausgegeben. cit. Modée.

Chr. Naumann: Sveriges grundlagar, 3dje uppl., Stockholm 1866 (Kommentar mit Angabe wertvoller Rechtsfälle).

K. Hagman: Sveriges grundlagar, Stockholm 1902 (mit ausführlichem Kommentar). cit. Hagman.

R. Malmgren: Sveriges grundlagar, 2dra uppl., Stockholm 1926 (mit wertvollem Kommentar).

C. A. Reuterskiöld: Sveriges grundlagar, I—III med bihang, Uppsala 1924—1926 (Kommentar mit umfassender Materialsammlung und Wiedergabe der früheren Verfassungstexte). cit. Reuterskiöld.

Abkürzungen

R.F. = Regeringsform (Regierungsform) v. 6. 6. 1809 bzw. 21. 8. 1772.

R.O. = Riksdagsordning (Reichstagsordnung) v. 22. 6. 1866.

T.F. = Tryckfrihetsverordning (Preßfreiheitsverordnung v. 16. 7. 1812 bzw. 9. 3. 1810, 26. 4. 1774, 2. 12. 1766.

S.L. = Strafflag (Strafgesetz) v. 16. 2. 1864
R.B = Rättegångsbalk (Prozeßordnung) von 1734
} Beide abgedruckt in d. Gesamtausgaben von Skarstedt.

Das schwedische Preßrecht.

I. Kapitel.

Die geschichtliche Entwicklung des schwedischen Preßrechts.

A. Die Zeit der kirchlichen und königlichen Zensur.

In Schweden beginnt — wie auch in anderen Ländern — die Geschichte des Preßrechts mit der Erfindung der Buchdruckerkunst. Denn die durch sie geschaffene Möglichkeit einer gesteigerten Einwirkung auf die Allgemeinheit veranlaßte bald besondere Maßnahmen zur Kontrolle des mit dem neuen Mittel vorgenommenen Gebrauchs der Meinungsäußerung. Diese frühen Kontrollmaßnahmen trugen deutlich den Stempel ihrer Entstehungszeit. Das gilt besonders von den ersten Zensurmaßnahmen, die ganz unter dem Einfluß kirchlicher Orthodoxie und politischer Ängstlichkeit standen.

Das sogenannte „Kanzleikollegium", eine Regierungsbehörde, ist als die erste Zensurstelle in Schweden anzusehen. Bei ihr waren — nach einer kgl. Verordnung vom 5. Juli 1684[1]), in der mehrere ältere Verordnungen zusammengefaßt waren —, alle neuen Druckerzeugnisse einzureichen, deren Erscheinen dann von der Genehmigung des zuständigen Beamten abhing. Ausgenommen waren akademische Abhandlungen, die statt dessen der Kontrolle der betr. Fakultät unterstanden. Theologische Schriften waren einer unmittelbaren, einstweiligen Prüfung des örtlichen Konsistoriums unterworfen. Im Jahre 1686 wurde zum Zwecke einer noch strengeren Durchführung aller Zensuraufgaben ein besonderer, der Kanzlei unterstellter Beamter als „censor librorum" eingesetzt. Damit war die Vorzensur allgemein durchgeführt und straff organisiert.

Auch der Buchhandel unterstand der Kontrolle des Zensors. Von allen in den einzelnen Buchhandlungen vorhandenen Büchern mußten dem Kanzleikollegium Verzeichnisse

---

[1]) Abgedruckt bei Stiernman IV S. 600 ff. und Klemming S. 166 ff.

eingereicht, alle aus dem Ausland kommenden Buchsendungen mußten vor ihrer Verbreitung durch den Buchhandel dem Zensor zur Prüfung vorgelegt werden. Die Veröffentlichung amtlicher Akten und Urkunden wurde außerdem noch von einer besonderen Genehmigung abhängig gemacht und der Kontrolle eines eigens zu diesem Zweck vom König ernannten Beamten der Kanzlei unterstellt.

Alle diese Vorschriften waren Ausflüsse des administrativen Verordnungsrechts des Königs; Preßsachen wurden als Polizeisachen betrachtet und behandelt, die nicht vor die ordentlichen Gerichte, sondern vor die Verwaltungsbehörden gehörten und durch Kommissionen, die man von Fall zu Fall einsetzte, entschieden wurden.

Die Rechtsunsicherheit, die in dieser ersten Periode des schwedischen Preßrechts herrschte, hörte auch nicht auf, als der karolinische Absolutismus nach dem Tode Karls XII. zusammenbrach und — in der sogenannten Freiheitszeit (1719—1772) -- der Reichstag zu unumschränkter Macht gelangte. Die herrschenden Stände des Reiches und ihre Bevollmächtigten, der Rat des Reiches, schränkten die Preßfreiheit mindestens ebenso stark ein, wie es vorher der absolute Monarch getan hatte. Der einzige Unterschied bestand darin, daß man, da die Macht in den Händen der jeweils herrschenden Partei lag, mit der Parteilichkeit als einem ausschlaggebenden Faktor der Rechtsanwendung rechnen mußte. Die Äußerung von Meinungen, die mit der Anschauung der herrschenden Partei übereinstimmten, wurde gefördert und gestützt, alles andere unterdrückt und verfolgt.

B. Die Druckfreiheitsverordnung vom Jahre 1766.

Dieses System artete nach und nach so aus, daß es sich schließlich selbst unmöglich machte und den Weg für den Vorstoß bahnte, der im Zusammenhang mit einer Parteiumwälzung auf dem Reichstag des Jahres 1765/66 erfolgte. Damals, am 2. Dezember 1766, entstand die berühmte Urkunde[1]), die als die erste schwedische Preßfreiheitsverordnung anzusehen ist und die trotz ihrer verhältnismäßig kurzen Geltungsdauer für die ganze weitere Entwicklung des schwedischen Preßrechts im 19. Jahrhundert ausschlaggebend wurde.

[1]) Abgedruckt bei Brusewitz S. 451 ff.

Die Druckfreiheitsverordnung vom Jahre 1766 beseitigte das Zensoramt und hob — wenigstens als Regel — die Vorzensur auf[1]). Die Befugnisse des Kanzleikollegiums wurden auf die Kontrolle über Einfuhr und Vertrieb ausländischer Druckschriften beschränkt; die Pressesachen wurden der Zuständigkeit der Verwaltungsbehörden entzogen; mit der Verantwortlichkeit für den Inhalt der Druckschriften wurde der Verfasser belastet, der sich vor den ordentlichen Gerichten unter den Garantien eines ordentlichen Prozeßverfahrens zu verantworten hatte. Der Drucker haftete lediglich in bestimmten, besonders angeführten Fällen, so wenn das Druckjahr auf einer bei ihm gedruckten Schrift nicht angegeben war, oder wenn er bei etwaigen Anklagen die Person des Verfassers nicht angeben konnte. Das Recht auf Anonymität wurde ausdrücklich anerkannt, doch sollte der Drucker von einem Verfasser, der ungenannt zu bleiben wünschte, „zu seiner Sicherheit" eine eigenhändige „schriftliche Bestätigung, daß er das Werk verfaßt habe", verlangen (§ 4).

Als die äußeren Beschränkungen der Preßfreiheit beseitigt wurden, wurde die Preßfreiheit auch grundsätzlich und in einem für die damalige Zeit ungewöhnlichen Umfange anerkannt. Die Schranken waren schon damals im allgemeinen dieselben wie heute. Verboten waren Gotteslästerung, Angriffe auf die Religion und die Grundgesetze des Staates, Beleidigung des Königs und des Königshauses, Schmähungen gegen die Beamten des Reiches und andere Bürger. Im übrigen war die Preßfreiheit unbegrenzt. Auch das Recht zur Veröffentlichung amtlicher Urkunden und Akten wurde als Regel anerkannt und damit ein typisch schwedisches und für die Beurteilung des gesamten schwedischen Preßrechts grundlegendes Prinzip zum ersten Male gesetzlich verankert[2]).

C. Das Zunft- und Privilegienwesen.

Ein Teil der Fesseln, die die Entwicklung der Preßfreiheit gehemmt hatten, war gefallen. Andere Fesseln aber, die nicht minder bedeutungsvoll waren, blieben bestehen. Denn neben

---

[1]) Nur theologische Schriften wurden nach wie vor von den Konsistorien kontrolliert; T.F. § 1.

[2]) Siehe Herlitz S. 23.

der von der Regierung durch ihre Organe ausgeübten Kontrolle der Druckschriften gab es noch eine andere Kontrolle, die ihre Wurzel in dem schwedischen Zunft- und Privilegienwesen hatte. Zwischen Buchdruckern und Buchbindern herrschte Streit über das Recht zur Verlagstätigkeit und zum Buchhandel. Die Buchbinder, die schon seit dem 16. Jahrhundert zunftmäßig organisiert waren, hatten ein Monopol für den Handel mit gebundenen Büchern erhalten. Die Buchdrucker, die eigentlichen Verleger jener Zeit, sahen darin ein Hindernis für die Ausübung ihrer eigenen Tätigkeit. Auch sie schlossen sich zu einer sogenannten „Sozietät" zusammen, erhielten aber erst nach Privilegierung dieses Zusammenschlusses das Recht, mit den von ihnen selbst aufgelegten Büchern Handel zu treiben. Nach dem Buchdruckereireglement vom 12. August 1752[1]) stand an der Spitze der Sozietät ein Vorstand mit dem Sitz in Stockholm. Er war dem Kanzleikollegium unterstellt, das dadurch noch ein weiteres Kontrollorgan zur Verfügung hatte. Die Sozietät sorgte dafür, daß die geltenden Vorschriften durch die Buchdrucker beachtet wurden; außerdem durfte ohne ihre Genehmigung keine neue Buchdruckerei eröffnet werden.

Dieses Privilegienwesen war durchaus nicht auf die Buchdruckerei und den Buchhandel beschränkt; es galt vielmehr auch für das Recht, Schriften im Druck herauszugeben, und war gleichzeitig die einzige Form eines Rechtsschutzes für den Verfasser. Daß die Autoren unter diesen Umständen in fühlbare Abhängigkeit nicht nur von den übergeordneten staatlichen Behörden, sondern auch von den einander bekämpfenden Zünften gerieten, und daß dadurch die Entwicklung einer freien Presse in hohem Grade erschwert wurde, ist offensichtlich. Alle diese Fesseln hat die erste Preßverordnung nicht beseitigt.

D. Die Gustavianische Epoche.

Der Druckfreiheitsverordnung vom Jahre 1766 hatte man den Charakter eines Grundgesetzes gegeben. Diese als Schutz gedachte Maßnahme wurde ihr zum Verhängnis, als Gustav III. nach der Revolution vom Jahre 1772 der Ständeherrschaft der Freiheitszeit ein Ende machte. Als Grundgesetz

---

[1]) Abgedruckt bei Modée V S. 3295 ff.

wurde sie von der Bestimmung der neuen Verfassung (§ 39) betroffen, die alle nach 1680 erlassenen Grundgesetze für ungültig erklärte. Die Presse unterstand somit wieder dem administrativen Verordnungsrecht des Königs.

Praktisch bedeutete das zunächst nicht viel. Denn König Gustav III., ein Anhänger der Ideen der Aufklärungszeit, huldigte dem Prinzip der Preßfreiheit, und die Preßverordnung, die er am 26. April 1774 erließ[1]), lehnte sich eng an ihre Vorgängerin vom Jahre 1766 an, wenn auch die Bestimmungen in einzelnen Punkten allgemeiner gehalten und dadurch auslegungsfähiger waren. Bald jedoch erkannte Gustav III., daß von dem freien Wort in allzu freier Weise Gebrauch gemacht werden konnte, und benutzte seine formellen Rechte zu einschränkenden Maßnahmen. Er vermied es allerdings, die Zensur formell wieder einzuführen. Es gab andere, weniger in die Augen fallende, doch ebenso zweckentsprechende Mittel.

Zunächst wurde die Verantwortlichkeit des Druckers erheblich erweitert. Schon in § 2 der Preßverordnung vom Jahre 1774 war bei Angriffen gegen die Grundgesetze des Reiches neben der Haftung des Verfassers die Haftung des Buchdruckers eingeführt worden; durch eine kgl. Verordnung vom 6. Mai 1780 wurde diese gemeinsame Verantwortlichkeit von Drucker und Verfasser auch auf Angriffe gegen den König, den Rat und die Stände des Reiches ausgedehnt und gleichzeitig bestimmt, daß in allen anderen Fällen der Drucker allein verantwortlich sein sollte. Dadurch wurden in der Praxis die Autoren unter die Zensur der privilegierten Buchdrucker gestellt.

Dabei blieb man jedoch nicht stehen. Durch kgl. Verordnung vom 3. Mai 1785 wurde die Theaterzensur eingeführt; ferner wurde das Recht, Tageszeitungen und andere periodische Schriften zu drucken, eingeschränkt und von einem Privileg abhängig gemacht, das nach einem kgl. Brief an das Kanzleikollegium vom 29. August 1785 der König selbst nach Anhörung des Kollegiums erteilte und das widerrufen werden konnte, sobald es mißbraucht erschien. Damit war eine Einziehungsbefugnis statuiert, und die Presse wieder der tatsächlichen Kontrolle der Verwaltung, ausgeübt durch das Kanzleikollegium, unterstellt.

---

[1]) Abgedruckt bei Modée S. 288 ff.

Im Jahre 1801 wurde das Kanzleikollegium zwar aufgelöst, seine Befugnisse auf dem Gebiet der Preßkontrolle gingen jedoch auf einen seiner früheren Beamten, den Hof-Kanzler, über, dem ein besonderer Kontrollbeamter für die Buchhändler und Buchdrucker zur Seite stand. Seine Rechte wurden noch erweitert durch eine Instruktion vom 23. Februar 1802, die ihm die Oberaufsicht nicht nur über die Presse, sondern auch über die Buchdruckereien, den Buchhandel, die Leihbibliotheken übertrug; für Buchhandlungen und Leihbibliotheken hatte der Hofkanzler selbst die Privilegien zu erteilen, bei der Privilegierung von Buchdruckereien hatte er sich gutachtlich zu äußern; ein Exemplar jeder Druckschrift war an ihn abzuliefern. Er konnte den Druck oder die Veräußerung nicht zugelassener oder verdächtiger Schriften einstellen lassen und diese selbst „in Verwahrung nehmen", d. h. einziehen. Der Kontrollbeamte inspizierte die Druckerei und erhielt einen bestimmten Anteil an den Geldstrafen, auf die in den Verfahren erkannt worden war, welche seine Tätigkeit ermöglicht hatte. Die Ausübung der Preßfreiheit war somit bei Ausbruch der Revolution vom Jahre 1809 einer generellen nachträglichen Zensur unterworfen.

E. Die Grundlagen des geltenden Preßrechts.

Auf Grund der Erfahrungen, die man in der Gustavianischen Epoche gemacht hatte, schenkte man bei der Verfassungsrevision im Jahre 1809—10 der Preßfreiheit besondere Beachtung. Eine grundlegende Bestimmung zu ihrem Schutze wurde in die Verfassung aufgenommen[1]). Zur näheren Ausgestaltung der Preßfreiheit in allen Einzelheiten schuf man ein besonderes Gesetz, die Preßverordnung vom 9. März 1810, die, ebenso wie die Verordnung des Jahres 1766, den Charakter eines Grundgesetzes erhielt. Dieses Vorbild und die Erinnerung an alle Einschränkungen, denen die Preßfreiheit während der gustavianischen Epoche ausgesetzt war, erklären die ungewöhnliche Tatsache, daß man das Preßrecht in seinem vollen Umfange mit dem schwerfälligen Apparat der Verfassungsgesetzgebung verkoppelt hat.

Durch Verfassung und Preßverordnung war vom Jahre 1810 die Preßfreiheit in Schweden in vollem Umfang gewährleistet,

---

[1]) Siehe unten S. 17.

und nur noch einen vorübergehenden Rückfall verzeichnet die Entwicklung der folgenden Jahre bis zur Gegenwart. Die Preßverordnung des Jahres 1810 hatte zwar in ihrem § 1 Ziffer 3 bestimmt, daß künftig für die „Herausgabe von Schriften, welcher Form oder Beschaffenheit sie sein mögen", keine Privilegien mehr erforderlich seien, und daß jeder Autor oder Verleger das uneingeschränkte Recht zur Herausgabe von Druckschriften habe. Die Regierung fand jedoch trotzdem noch einen Weg, unter Umgehung dieses Paragraphen die Kontrolle über die Tagespresse zu erreichen, die sie damals aus außenpolitischen Gründen für erforderlich hielt, und zwar durch Wiedereinführung des aus der Zeit Gustavs III. wohlbekannten Instituts der Einziehung.

Auf dem Reichstage des Jahres 1812 sollten einige Änderungsanträge zur Preßverordnung von 1810 endgültig erledigt werden, die auf den Reichstagen von 1809 und 1810 den Vorschriften der Verfassung entsprechend dergestalt angenommen worden waren, daß sie der endgültigen Entscheidung des nächsten Reichstages vorbehalten blieben. Dies machte sich die Regierung zunutze und legte dem Reichstag einen Entwurf über die Einziehungsbefugnis vor, den sie unter Anwendung ihrer gesamten Autorität auch durchzudrücken vermochte, obwohl die für Grundgesetzänderungen vorgeschriebenen Formen dadurch verletzt wurden[1]). Das Ganze wurde in einer neuen Preßverordnung vom 16. Juli 1812 zusammengefaßt.

§ 4 Ziffer 8 dieser neuen Preßverordnung, die im übrigen mit der Verordnung von 1810 fast vollkommen übereinstimmt, besagt, daß der Hofkanzler berechtigt sei, die Ausgabe von Tagesblättern und sonstigen periodischen Schriften, die „für die allgemeine Sicherheit schädlich sind, ohne Grund und Beweis persönliche Rechte verletzen oder den Charakter von Schmähschriften haben", vorläufig zu verhindern. Der Prüfung des Königs ist die Entscheidung darüber anheimgestellt, „ob die

---

[1]) (Anmerkung des Übersetzers): Nach der schwedischen Verfassung dürfen grundgesetzändernde Gesetzentwürfe von dem Reichstag, bei dem sie eingebracht werden, nicht endgültig entschieden, sondern müssen im Falle ihrer Annahme dem nächsten Reichstag zur endgültigen Beschlußfassung vorbehalten werden. Die hier in Rede stehende Regierungsvorlage war neu.

weitere Ausgabe der eingezogenen Schrift zuzulassen" ist und ob ihr Herausgeber die Befugnis erhält, eine a n d e r e Zeitung oder periodische Schrift herauszugeben. § 4 Ziffer 3 der Preßordnung hatte man dabei insoweit respektiert, als man das Recht der e r s t e n Herausgabe unangetastet ließ.

Als diese n a c h t r ä g l i c h e Z e n s u r — obwohl sie ihre Daseinsberchtigung in friedlicheren und ruhigeren Zeiten verloren hatte — nicht nur beibehalten, sondern immer mehr der übermäßigen politischen Ängstlichkeit dienstbar gemacht wurde, trat die Reaktion ein. Man fand Wege zur Umgehung des § 4 Ziffer 8. Das einmal bezüglich einer b e s t i m m t e n Zeitung erteilte Herausgaberecht konnte zwar beschnitten, keine gesetzlichen Hindernisse aber einem Antrag auf H e r a u s g a b e e i n e r n e u e n Z e i t u n g m i t e t w a s a b w e i c h e n d e m T i t e l entgegengesetzt werden, wenn der Herausgeber im Sinne des Gesetzes gut beleumdet war. Die Abweichungen brauchten nicht größer zu sein, als daß die neue Zeitung nach außen hin als das, was sie auch in Wirklichkeit war, erschien: als eine Fortsetzung der eingezogenen alten[1]). Ihr verantwortlicher Herausgeber konnte allerdings für alle Zukunft des Rechts, als Herausgeber einer Zeitung oder periodischen Druckschrift zu fungieren, verlustig erklärt werden. Das hatte aber nur zur Folge, daß das S y s t e m d e r b e z a h l t e n S t r o h m ä n n e r aufkam, die vor dem Gesetz die Verantwortung trugen, während die wirkliche Leitung nach wie vor in denselben Händen lag.

Drei Jahrzehnte lang bestand dieses Einziehungs-Institut, das ebenso beunruhigend wie wirkungslos war, fort. Im Jahre 1844 wurde es vom Reichstag aufgehoben; damit trat die von der Verfassung des Jahres 1809 gewährte und durch die Preßverordnung vom Jahre 1810 im einzelnen geregelte Preßfreiheit in vollem Umfange wieder in Kraft. Diese beiden Gesetze bilden noch heute die Grundlage des schwedischen Preßrechts.

---

[1]) Ein Beispiel ist die Zeitung „Aftonbladet", das Hauptorgan der Opposition. Nach ihrer Einziehung ist vor den alten Titel: „das neue", später: „das dritte", dann: „das vierte" usw. gesetzt und jedesmal ein neuer Redakteur angegeben worden.

II. Kapitel.

Die Freiheit der Presse.

A. Inhalt und Umfang der Preßfreiheit.

Nach § 86 der schwedischen Verfassung vom Jahre 1809 ist unter Preßfreiheit zu verstehen, „das Recht eines jeden Schweden, ungehindert durch vorherige Eingriffe der Verwaltung Schriften herauszugeben und für deren Inhalt später nur vor einem zuständigen Gericht zur Verantwortung gezogen und nur dann bestraft werden zu können, wenn er gegen eine ausdrückliche Gesetzesvorschrift verstößt, die, ohne die öffentliche Meinung zu unterdrücken, der Aufrechterhaltung der öffentlichen Ruhe dient".

In diesem Verfassungsartikel, der geschichtlich bedingt und nur auf Grund der im vorigen Kapitel geschilderten historischen Voraussetzungen zu verstehen ist, kommen folgende preßrechtliche Grundsätze zum Ausdruck:

1. Freiheit der Presse von jeder Vorzensur;
2. ausschließliche Zuständigkeit der ordentlichen Gerichte für die Verfolgung und Ahndung von Preßdelikten;
3. Straffreiheit für den Inhalt von Druckschriften, wenn durch ihn nicht gegen ausdrückliche Gesetzesbestimmungen verstoßen wird und
4. Recht zur Veröffentlichung amtlicher Urkunden und Akten.

Der Zweck der Bestimmung ist also nicht, eine Definition der Preßfreiheit in ihrer allgemeinen staatsrechtlichen Bedeutung zu geben, sondern einmal das Prinzip der Preßfreiheit als wesentlichen Bestandteil einer freiheitlichen Staatsverfassung festzustellen, sodann seine Ausübung mit allen den Garantien zu umgehen, deren Unentbehrlichkeit die historische Entwicklung des schwedischen Preßrechts erwiesen hat.

Die Preßverordnung zeigt ihre unmittelbare Abhängigkeit von der Verfassung schon dadurch, daß sie in ihrer Einleitung die grundlegende Bestimmung des § 86 der Verfassung wiedergibt. Trotz diesem Zusammenhang zwischen den beiden Gesetzen hat der Gesetzgeber der Preßverordnung den Charakter der allein maßgeblichen preßrechtlichen Norm zuerkannt. Sie bezeichnet sich in § 1 Ziffer 1 ausdrücklich als das Gesetz, das den Gebrauch und die Grenzen der Preßfreiheit regelt. Während der Gebrauch des mündlichen Wortes nach den allgemeinen Gesetzen beurteilt und vor den ordentlichen Gerichten verfolgt wird, sind für die eigentlichen Preßprozesse auf Grund einer Spezialgesetzgebung besondere Gerichte geschaffen worden[1]).

In § 86 der Verfassung wird die Preßfreiheit als das Recht „Schriften herauszugeben" bezeichnet. Die Preßverordnung formuliert entsprechend. „Schrift" ist also ein grundlegender Begriff des Preßrechts und gleichbedeutend mit „Druckschrift". Unter „Schrift" versteht die Preßverordnung (vgl. § 1 Ziff. 1, Abs. 2) alles, was durch Druck der Allgemeinheit zugänglich gemacht, durch Druck zur Verbreitung unter das Publikum hergestellt wird.

Das Wort „Druck" ist in weitestem Sinne auszulegen. Zu seinen mannigfaltigen Mitteln ist nicht nur die Druckpresse, sondern auch Stein- und Kupferdruck zu rechnen. Bilder fallen darunter, wenn sie von gedrucktem Text begleitet sind. Auch der Ausdruck: „der Allgemeinheit zugänglich gemacht wird", ist unglücklich und bedarf einer Auslegung durch die Praxis. So ist die Frage, wie Zirkulare und andere, nur für einen bestimmten Kreis, z. B. eine geschlossene Gesellschaft, die Aktionäre einer Aktiengesellschaft usw. bestimmte Schriften zu behandeln sind, verschieden beantwortet worden. Der sogenannte Gelegenheitsdruck wird im § 1, Ziff. 10 ausdrücklich ausgenommen. Doch sind die Grenzen im allgemeinen für die jetzigen gesellschaftlichen Verhältnisse zu eng gezogen und werden in der Praxis oft überschritten. Fest steht jedenfalls, daß eine Meinungsäußerung, die in einer nicht unter § 1, Ziffer 1, Absatz 2 fallenden Druckschrift erfolgt, damit nicht jeder rechtlichen Verantwortlichkeit entzogen ist. Der Unterschied ist lediglich der, daß sie nicht in der von der Preßverordnung vorgeschriebenen Form verfolgt werden kann.

B. Beschränkungen der Preßfreiheit.

Die durch Verfassung und Preßverordnung gewährleistete Preßfreiheit wird praktisch bis zu einem gewissen Grade eingeschränkt durch alle die Vorschriften, die sich gegen einen Mißbrauch ihrer Anwendung wenden. Ein solcher

---

[1]) Siehe unten Kapitel V S. 32 ff.

Mißbrauch besteht regelmäßig in dem Überschreiten der in der Preßverordnung für die Ausübung der Preßfreiheit gezogenen Grenzen, die sich einerseits auf den Inhalt der Druckschrift[1]), andererseits auf ihre äußere Beschaffenheit[2]) beziehen. Von besonders einschneidender Bedeutung für die Presse sind jedoch die Beschränkungen, die man als Veröffentlichungsverbote bezeichnet. Hier entscheidet nicht die Qualität des Inhalts und nicht die äußere Form der Druckschrift, sondern das Interesse der Gesamtheit an der Geheimhaltung gewisser Vorgänge.

Hier ist vor allem ein dem schwedischen Preßrecht eigentümliches Institut zu erwähnen, das die Veröffentlichung von amtlichen Urkunden und Akten betrifft. Es ist zwar im geltenden schwedischen Preßrecht in die Form eines positiven allgemeinen Rechtes gekleidet, seinem wesentlichen Inhalt nach jedoch als Veröffentlichungsverbot anzusehen.

Ausgangspunkt ist das bereits in der Preßverordnung von 1766 positiv geregelte und in § 86 der Verfassung wieder aufgenommene Öffentlichkeitsprinzip. In § 2 Ziffer 4 der Preßverordnung wird es dahin gefaßt, daß jeder (d. h. jeder schwedische Staatsangehörige) das Recht hat, alle die verschiedenen Staatseinrichtungen betreffenden Urkunden mit Ausnahme der in der Preßverordnung ausdrücklich genannten zu veröffentlichen. Die Amtsstellen, deren Urkunden geheimgehalten werden müssen, werden in der Preßverordnung aufgezählt. Volle Klarheit gibt diese Aufzählung allerdings nicht; es ist z. B. bestritten, ob kommunale Urkunden darunter fallen oder nicht.

Die wichtigsten Maßnahmen, deren Zahl sich mit der Entwicklung des staatlichen und kulturellen Lebens erheblich vermehrt hat, können in folgende Hauptgruppen zusammengefaßt werden:

1. Protokolle und Urkunden des Staatsrates, des auswärtigen Ausschusses[3]), des Verfassungsausschusses, sofern sie den Staatsrat betreffen[4]), der Bank- und Reichsschuldenverwaltung,

---

[1]) Vgl. unten 3. Kapitel S. 18 ff.

[2]) Vgl. unten 4. Kapitel S. 28 ff.

[3]) Vgl. § 54 der Verfassung.

[4]) Vgl. § 38 der Verfassung.

der Revisoren dieser Verwaltungen sowie des Haushalts- und Bankausschusses, sofern sie sich auf die nichtöffentliche Tätigkeit dieser Institute beziehen, dürfen frühestens 50 Jahre nach dem Datum des Protokolles oder der Urkunde gedruckt oder — ohne Genehmigung der Betroffenen — herausverlangt werden. Dasselbe gilt für Protokolle und Urkunden in Prozessen, in denen das Gericht mit Rücksicht auf die Sicherheit des Staates nicht öffentlich verhandelt und die Herausgabe der Protokolle und Urkunden ohne besondere Genehmigung des Königs nach Beendigung des Prozesses verboten hat, ebenso für die Aufzeichnungen und außenpolitischen Berichte der Diplomaten. Mobilisierungspläne und andere Urkunden, die für die Sicherheit und Verteidigung des Landes von Bedeutung sind, dürfen, falls der König ihre Geheimhaltung verfügt hat, nur mit seiner besonderen Erlaubnis preisgegeben werden.

2. Auszüge aus den Kirchenbüchern, die von besonderer Bedeutung in Leumundssachen sind, gerichtsmedizinische Urkunden in bestimmten Eheprozessen, Urkunden und Protokolle in nicht öffentlich verhandelten Ehe-, Vaterschafts- und Unterhaltssachen, Auszüge aus den Strafregistern können nur nach Ablauf einer bestimmten Frist, mit Einwilligung des Betroffenen, und unter Wahrung besonderer gesetzlicher Vorschriften, herausverlangt werden. Ähnliche Beschränkungen bestehen zum Schutze individueller Geschäftsinteressen für Urkunden in bestimmten Sachen, die im Verwaltungswege z. B. durch die Bankinspektion, das statistische Zentralbüro, das Patent- und Registeramt, die Reichsversicherungsanstalt usw. zu erledigen sind; ebenso für gerichtliche Protokolle und Urkunden in nicht öffentlich verhandelten Prozessen wegen unberechtigter Anwendung oder Verrats von Gewerbegeheimnissen.

3. Schließlich dürfen Erklärungen von oder über Steuerpflichtige zu Veranlagungszwecken anderen als den nach Steuergesetzen dazu befugten Personen nicht ausgehändigt und nicht im Druck veröffentlicht werden.

Mit dieser Liste enthält das Schwedische Preßrecht eine vollständige Aufzählung aller Veröffentlichungsverbote, die allerdings — wie gesagt — nicht in die Form von Verboten, sondern aus grundsätzlichen und historischen Gründen in die der Ausnahmen vom Prinzip der

Veröffentlichungsfreiheit gekleidet sind. In allen diesen Fällen ist die Veröffentlichung als solche verboten und strafbar, wobei der Herausgeber — im Gegensatz zu den Preßinhaltsdelikten — die Verantwortlichkeit trägt.

III. Kapitel.

Das Preßstrafrecht.

A. Die Preßdelikte.

Im Mittelpunkt des schwedischen Preßstrafrechts steht die in § 3 der Verordnung enthaltene Aufzählung der Verbrechen und Vergehen, die als „Mißbrauch der Preßfreiheit" bezeichnet werden. Ihre hauptsächlichsten Typen sind:

Gotteslästerung, Verspottung des Wortes Gottes und des öffentlichen Gottesdienstes; Lästerung des Königs und des Königshauses; Schmähungen gegen die Vertretung des Reiches, seiner Diener und Beamten.

Aufforderung zur Begehung von Verbrechen; Versuch zur Verleitung zu Verbrechen und zum Ungehorsam gegen die Gesetze oder gegen gesetzliche Behörden; schmähende oder Verwicklungen mit fremden Mächten herbeiführende Äußerungen über Staaten, mit denen sich Schweden in Frieden befindet.

Ehrenrührige Angriffe gegen Einzelpersonen; lügenhafte Nachrichten und verzerrte Darstellungen zur Irreführung der Öffentlichkeit; Darstellungen, die Zucht und Sittlichkeit verletzen.

In allen diesen Fällen begründet die Art und Beschaffenheit des Inhalts der Druckschrift, seine Qualität, den Mißbrauch der Preßfreiheit. Mit der Verantwortlichkeit für diesen Mißbrauch ist in erster Linie der Verfasser belastet; nach § 1 Ziff. 7 werden jedoch die Herausgeber von Tageszeitungen und sonstigen periodischen Druckschriften hinsichtlich der Verantwortlichkeit wie die Verfasser behandelt. Dasselbe gilt nach der gleichen Bestimmung regelmäßig für den, der „die Arbeit eines Ausländers, oder deren Übersetzung, oder die Arbeit eines Inländers, der seinen Namen nicht genannt hat", herausgibt. Zu der letzten Gruppe gehören auch Arbeiten Verstorbener.

B. Das System der preßrechtlichen Verantwortlichkeit.

a) Die reine Täterhaftung.

Für die Verfolgung von Delikten, die durch Überschreitung der realen Grenzen der Preßfreiheit begangen werden, normiert das schwedische Preßrecht das Prinzip der reinen Täterhaftung: verantwortlich ist, wer nach außenhin als Täter erscheint. Nach Anstiftern oder Teilnehmern wird nicht geforscht. Dieses besondere, von den gewöhnlichen strafrechtlichen Grundsätzen scharf abweichende System findet seine Erklärung teils in dem Anonymitätsprinzip, teils in dem lediglich repressiven, nicht präventiven Charakter des schwedischen Preßrechts.

Das Recht auf Anonymität, das bereits in § 4 der Verordnung von 1766 ausdrücklich anerkannt wurde, wird mit vollem Recht als eine wichtige Voraussetzung für den wirksamen Gebrauch des freien Worts angesehen, ein allgemeiner preßrechtlicher Grundsatz, der besonders für die Tagespresse von Bedeutung ist. Der Herausgeber einer Zeitschrift ist allein für ihren Inhalt verantwortlich, ohne Rücksicht auf seinen Anteil an einem inkriminierten Artikel und ohne Rücksicht darauf, ob er ihn gezeichnet hat oder nicht. Kein anderer darf für ihn verantwortlich gemacht werden. Man sieht hierin einen bedeutungsvollen Schutz des freien Wortes. Die Kehrseite allerdings ist das Strohmännersystem der sogenannten Verantwortlichen, dessen historische Ursache der Mißbrauch der Einziehungsbefugnis während der Regierung Karls XIV. Johann oben erwähnt worden ist[1]).

b) Die Verantwortlichkeitskette.

Zu dieser reinen Täterhaftung, deren Inhalt die Begehung des Preßdelikts ist, kommt noch eine ganze Reihe von Maßnahmen hinzu, die die Ermittlung des Täters erleichtern sollen. Denn aus der Unzulässigkeit vorbeugender Maßnahmen gegen die Presse ergibt sich die Notwendigkeit, Garantien für die Wirksamkeit der etwa erforderlichen repressiven Maßnahmen zu schaffen.

Für die periodische Presse und Literatur ist zunächst vorgeschrieben (§ 1 Ziffer 4), daß der Herausgeber beim Chef der

---

[1]) Siehe oben S. 16.

Justizbehörde[1]) um eine Zulassungs- (oder richtiger Unbedenklichkeits-) bescheinigung einkommen muß, die nur dann verweigert werden darf, wenn der Antragsteller für unwürdig erklärt worden ist, für einen anderen aufzutreten. Die Zulassung ist rein persönlich und unübertragbar.

Daneben gilt die generelle Vorschrift des § 4 Ziffer 2, nach der die Buchdrucker spätestens zu dem Zeitpunkt, an dem mit der Verbreitung der Druckschrift begonnen wird, ein sog. Prüfungsexemplar in Stockholm dem Chef der Justizbehörde, in der Provinz dessen Beauftragten abzuliefern haben.

Der Autor ist — gleichgültig „ob er unbekannt bleiben will oder nicht" — verpflichtet, „dem Buchdrucker einen versiegelten Zettel mit Angabe seines Namens und seiner Wohnung und der beigefügten schriftlichen Bestätigung der Richtigkeit dieser Angaben durch zwei in dem betreffenden Ort gut bekannte, in Schweden ansässige schwedische Staatsangehörige" (§ 1 Ziffer 6) zu übergeben.

Auf Grund dieser Bestimmungen hat die Preßverordnung ein streng formalistisches System sukzessiver Verantwortlichkeit ausgebildet, die sogenannte Verantwortlichkeitskette: die Verantwortung geht von einem Glied dieser Kette zum andern, bis sie festen Halt gefunden hat. In der Literatur wird dies System als das belgische bezeichnet. Das schwedische Preßrecht hatte jedoch eine Anleihe beim Ausland nicht nötig. Das besprochene System findet sich schon in der Preßverordnung von 1766, aus der es sich in seiner jetzigen Gestalt unmittelbar ableiten läßt. Da ein Preßvergehen im Sinne der Preßverordnung vor der Publizierung der Schrift nicht vorliegt, bildet naturgemäß der Verbreiter (der Buchhändler oder eine ähnliche Person) das erste Glied der Verantwortlichkeitskette. Die Verantwortlichkeit bleibt jedoch nur in dem sehr seltenen Ausnahmefalle bei ihm, wenn eine von ihm veräußerte Schrift nicht den Namen des Buchdruckers, den Druckort oder die Jahreszahl aufweist (§ 1 Ziffer 12), da er einerseits für ungesetzliche Verbreitung

---

[1]) Überall, wo die Preßverordnung jetzt vom Chef der Justizbehörde, d. i. dem Justizminister, spricht, heißt es bis 1840: Hofkanzler, von 1840—1876 Justizminister.

haftet[1]), anderseits, falls Klage erhoben wird, die Verantwortung des Autors trägt, wenn dieser oder der Buchdrucker nicht ermittelt werden kann.

Das nächste Glied der Kette ist der Buchdrucker. Handelt es sich um eine periodische Schrift, so braucht er nur die nach § 4 Ziffer 2 für ihn erforderliche Zulassungsbescheinigung vorzulegen, um sich von der Haftung zu befreien. Handelt es sich um eine nicht periodische Schrift, hat er den Namenszettel vorzulegen; mangels eines solchen kann die Verantwortung nur durch gerichtliches Anerkenntnis der Urheberschaft durch den Autor auf diesen übertragen werden; die Namensangabe des Verfassers auf dem Titelblatt ist ohne Bedeutung (§ 1 Ziffer 8). Ergibt sich bei Öffnung des Namenszettels, daß er leer ist oder unrichtige Angaben über Namen und Wohnung des Verfassers enthält, oder erscheint dieser ohne genügende Entschuldigung im Termin nicht, so haften die auf dem Zettel angegebenen Zeugen an Stelle des Autors (§ 1 Ziffer 6).

Schließlich kann die Haftung die sogenannten Preßdeputierten treffen, die die Aufgabe haben, sich auf Antrag des Autors oder Buchdruckers über die Gesetzmäßigkeit einer Schrift gutachtlich zu äußern. Haben sie die Gesetzmäßigkeit bejaht, so trifft sie die Verantwortung (§ 108 der Verfassung).

In diesem System bedürfen einige dem schwedischen Preßrecht eigentümliche Punkte der Erklärung, so vor allem das eigenartige Institut des Namenszettels. Die Idee stammt, wie so vieles im schwedischen Preßrecht, aus der Verordnung des Jahres 1766. In seiner Grundform ist der Namenszettel dasselbe wie die „schriftliche Bescheinigung", die der Buchdrucker nach § 4 der Verordnung von 1766 von dem Autor, der ungenannt zu bleiben wünscht, zu fordern hatte. Die geltende Preßverordnung hat sich nicht auf diese verhältnismäßig einfache und klare Bestimmung beschränkt. Sie hat zunächst die Pflicht zur Ablieferung eines Namenszettels für jeden Verfasser festgelegt, ohne jedoch eine bestimmte Frist

---

[1]) Hierfür kann er auch in einem späteren Stadium haften, nämlich wenn er eine mit Beschlag belegte, konfiszierte oder eingezogene Schrift in Kenntnis dieser Umstände verbreitet, siehe § 1 Ziffer 12 in Verbindung mit § 4 Ziffer 9 und 14; über den Begriff der Einziehung vgl. unten S. 27.

für ihre Erfüllung vorzuschreiben und die Folgen der Unterlassung zu bezeichnen. Überdies hat sie dadurch, daß sie den Namenszettel neben dem eigenen Anerkenntnis des Autors zu dem einzigen zulässigen Beweismittel der Autorschaft und die Namenszettelzeugen in gewisser Weise mit haftbar gemacht hat, diese und den Buchdrucker in eine keineswegs gefahrlose Abhängigkeit von dem Verfasser gebracht und das ganze Verfahren kompliziert. Die Folge ist, daß der Namenszettel nur ausnahmsweise zur Anwendung gelangt.

Ergibt sich, daß der Name des Verfassers auf dem Zettel falsch angegeben ist, so haften die Namenszettelzeugen; das Anerkenntnis der Autorschaft vor Gericht erbringt vollgültigen Beweis; in keinem dieser Fälle darf nach dem wirklichen Autor geforscht werden, selbst wenn die Vermutung begründet ist, daß er eine andere als die genannte Person ist. Das Verantwortlichkeitssystem ist also durch und durch gekünstelt.

Das zweite, dem schwedischen Verantwortlichkeitssystem eigentümliche Institut sind die Preßdeputierten, die, sechs an der Zahl, vom Reichstag auf 4 Jahre gewählt werden und ihre Tätigkeit unter dem Vorsitz des Justizsachwalters[1]) ausüben. Auch diese typisch schwedische Einrichtung wird in ihrer ursprünglichen, oben beschriebenen Eigenschaft wenig in Anspruch genommen. Seit man jedoch im Jahre 1909 in die Preßverordnung Bestimmungen über das Recht zur Einziehung wehrfeindlicher Schriften eingeführt und dabei eine Mitwirkung der Preßdeputierten vorgesehen hat[2]), haben sie mehr zu tun.

C. Die Beschlagnahme.

Nachdem durch alle diese Bestimmungen die Möglichkeit gesichert war, im Falle einer Anklageerhebung jederzeit den Täter festzustellen, schuf man als weitere Garantie gegen den Mißbrauch der Preßfreiheit die Möglichkeit, die Druckerzeugnisse selbst unschädlich zu machen. Dazu dient das in § 4 Ziffer 3 geregelte Institut der Beschlagnahme. Der

---

[1]) Über den Justizsachwalter vgl. § 96 der Verfassung.

[2]) Vgl. unten S. 27.

Justizminister oder seine Beauftragten[1]) sind dazu berechtigt, in allen Fällen, in denen auf Grund von § 2 Ziffer 4 (Publikationsvergehen) und von § 3 (eigentlicher Mißbrauch der Preßfreiheit) öffentliche Anklage erhoben werden kann, die Schrift zu beschlagnahmen. Doch bleibt die Beschlagnahme nur wirksam, wenn sie 8 Tage nach Einleitung des Prozesses (§ 5 Ziffer 8) von dem zuständigen Gericht (Untergericht) genehmigt, und die Anklage innerhalb einer bestimmten Frist (§ 4 Ziffer 6) erhoben wird. Der Justizminister hat deshalb die Schrift „unverzüglich und unmittelbar" dem Justizkanzler zur Ergreifung der erforderlichen Maßnahmen zu übermitteln. Rein formell hat dieser ein freies Prüfungsrecht. Praktisch bleibt die Anklage niemals aus; sie wird im Namen des Justizkanzlers[2]) durch die ihm untergeordneten Beamten erhoben. Die Beschlagnahme kann auch während des Prozesses von dem öffentlichen Ankläger oder dem Privatkläger beantragt werden. Der Antrag wird in dem einen Falle nach § 5 Ziffer 8 Absatz 2, in dem anderen nach § 5 Ziffer 11 behandelt.

Welches Gewicht man dem Institut der Beschlagnahme als repressivem Mittel gegen den Mißbrauch der Preßfreiheit zuerkennt, geht schon daraus hervor, daß die Beschlußfassung über sie nicht untergeordneten Polizeiorganen, sondern einer hohen Zentralbehörde übertragen worden ist: einem einzelnen Beamten, der mit seiner persönlichen Autorität für die Einheitlichkeit der Rechtsanwendung einstehen muß. Die Ausführung der Beschlagnahme liegt in den Händen lokaler Behörden: des Präsidenten der Provinzialregierung, des Magistrats[3]) oder der Ortspolizeibehörde.

D. Die Einziehung.

Zu der Beschlagnahme kommt in Schweden als weiteres Mittel zur Unschädlichmachung von Druckschriften noch die

---

[1]) Der Wirkungskreis dieser Beauftragten ist die Provinz. Die heutigen Verkehrsmittel gestatten, daß die Beschlagnahmefragen regelmäßig der eigenen Entscheidung des Justizministers unterbreitet werden können.

[2]) Vgl. § 27 der Verfassung.

[3]) Magistrat ist die verwaltende Behörde in Städten mit eigener Jurisdiktion. Als richterliche Behörde wird sie als Ratsgericht tätig; sie besteht in beiden Funktionen in der Regel aus denselben Personen (Bürgermeister und Ratsherren).

Einziehung hinzu. Dieses 1909 eingeführte Institut unterscheidet sich von der Beschlagnahme dadurch, daß der Einziehung der Schriften nicht notwendig eine Anklage zu folgen braucht. Wenn nämlich bei Truppen oder an Bord von Kriegsschiffen Druckschriften gefunden werden, die „offensichtlich darauf ausgehen, das Pflichtgefühl gegen das Vaterland zu mindern, Haß gegen die Vorgesetzten zu wecken oder auf andere Weise die Disziplin zu untergraben, so können, gleichgültig ob der Inhalt der Schrift strafbar ist oder nicht", die vorgefundenen Exemplare eingezogen werden. (§ 4 Ziffer 12). Der zuständige Befehlshaber hat sofort vorläufige Maßnahmen zur Verhinderung einer weiteren Verbreitung zu treffen und gleichzeitig die Einziehung zu beantragen. Die Einziehungsorder wird sofort durch den Befehlshaber vollstreckt, ist jedoch unverzüglich den Preßdeputierten zur Nachprüfung zu unterbreiten.

IV. Kapitel.

Das Preßgewerberecht.

A. Gewerbefreiheit.

Die geschichtliche Entwicklung des schwedischen Preßrechts hatte gelehrt, daß die Freiheit der Presse in hohem Maße auch von den äußeren Bedingungen und Voraussetzungen der Herstellung der Druckwerke, d. h. von der Freiheit des Druckereigewerbes abhängig ist. So hatte sich z. B. — wie oben gezeigt[1]) — die Tatsache, daß die Schöpfer der in vielem so modernen Verordnung vom Jahre 1766 nicht mit dem Gewirr von Beschränkungen aufräumten, die vom Zunft- und Privilegienwesen her die Preßfreiheit einengten, in der Folgezeit, unter der Herrschaft Gustav III. und seines Sohnes Gustav IV. Adolf, verhängnisvoll ausgewirkt. Diese Erfahrungen haben dazu geführt, daß man, als nach der Revolution von 1809 die Ideen von 1766 wieder zu Ehren kamen, auch auf diesem Gebiet ganze Arbeit leistete. Man nahm in die neue Preßverordnung selbst eine große Anzahl von Vorschriften auf, die sich ausschließlich auf die Ausübung des Preßgewerbes beziehen, und die in anderen Ländern in allgemeinen Gesetzen oder auch nur in Ausführungsbestim-

---

[1]) Vgl. oben S. 11 ff.

mungen enthalten sind. Denn man hatte den Wunsch, auch diese Garantien der Preßfreiheit und ebenso ihre auch hier notwendigen Begrenzungen mit den durch ein Grundgesetz gewährten Sicherheiten auszustatten.

Unter Aufhebung sämtlicher früheren Bestimmungen über die Preßfreiheit und den Buchhandel (§ 1 Ziffer 1) wurde ausdrücklich bestimmt, daß es zur Herausgabe von Schriften durch die Verfasser[1]) oder zur Ausübung des Buchdruckergewerbes (§ 1 Ziffer 5) und des Buchhandels und zur gewerbsmäßigen Herausgabe einer inländischen oder ausländischen Druckschrift (§ 1 Ziffer 12; in der Preßverordnung von 1810: § 1 Ziffer 11) keiner Privilegien mehr bedürfe. Damit war auf diesem Gebiet die volle Gewerbefreiheit durchgeführt; Autoren und Drucker, Buchhändler und Verleger waren von dem Privilegienzwang befreit und erhielten in ihrem Verhältnis zueinander eine viel größere Selbständigkeit als vorher.

Gleichzeitig wurde das Urheberrecht des Verfassers an der von ihm veröffentlichten Schrift anerkannt und der Nachdruck ohne seine oder seines Verlegers schriftliche Genehmigung verboten. Damit war ein wirkliches Urheberrecht geschaffen, das bis zum Jahre 1876 in der Preßverordnung (§ 1 Ziffer 9) selbst geregelt war. Dann wurden diese Bestimmungen herausgenommen, um eine Gesetzgebung über das literarische Urheberrecht in den leichteren Formen der gewöhnlichen Gesetzgebung zu ermöglichen. Ein entsprechendes Gesetz kam im folgenden Jahre, am 10. August 1877, zustande; das jetzt geltende datiert vom 30. Mai 1919[2]).

B. Die Anmeldepflicht.

Auch die Freiheit des Preßgewerbes erleidet gewisse Einschränkungen, die sich aus den Pflichten gegenüber der Allgemeinheit ergeben. Das Gewerbe muß so ausgeübt werden, daß eine Kontrolle darüber möglich ist, ob sich der Gebrauch des freien Wortes in den durch die Preßverordnung gesteckten

---

[1]) Eine Ausnahme gilt nur für die noch heute bestehenden, auf altem Gebrauch beruhenden Privilegien, z. B. das der Akademie der Wissenschaften zur Herausgabe des Almanachs und des Staatskalenders, der Schwedischen Akademie zur Herausgabe von bestimmten Zeitungen usw. Abgedruckt bei Reuterskiöld III, 633 ff.

[2]) Abgedruckt bei Eberstein Anhang 1.

Grenzen hält. Das gilt vor allem für die Buchdrucker. Wer eine neue Buchdruckerei errichten oder eine alte übernehmen will, muß dies spätestens 14 Tage vor der Herausgabe einer Druckschrift dem Magistrat der Stadt, dessen Jurisdiktion die Buchdruckerei unterstehen wird oder bereits untersteht, sowie dem Präsidenten der Provinzialregierung schriftlich unter Angabe der Lage der Druckerei anzeigen. Das Recht zur Anlage von Druckereien ist insofern lokal beschränkt, als sie nur innerhalb des Weichbildes von Städten oder stadtähnlichen Gemeinden oder in einer Entfernung von höchstens einer halben Meile erfolgen darf. Der Präsident der Provinzialregierung hat dem Justizminister von jeder Anmeldung umgehend Mitteilung zu machen (§ 1 Ziffer 5). Die Bestimmung bezweckt, eine Kontrolle über sämtliche Druckerzeugnisse zu ermöglichen.

Auch für Buchhändler bestand ursprünglich dieselbe Anmeldepflicht wie für die Buchdrucker, doch mit dem Unterschied, daß sie unmittelbar bei dem Chef der Justizbehörde zu erfolgen hatte. Sie wurde 1870 aufgehoben.

C. Pflichtexemplare.

Zu den Verpflichtungen, die den Buchdruckern auferlegt sind, gehört schließlich noch die Pflicht, außer dem Exemplar, das nach § 4 Ziffer 2 sofort dem Justizminister oder dessen Beauftragten zu übersenden ist[1]), jährlich bis Ende Juni an die Kgl. Bibliothek in Stockholm und an jede der beiden städtischen Universitäten je ein sogen. Archiv-Exemplar von allem, was während des Jahres bei ihm gedruckt worden ist, zu übersenden.

V. Kapitel.

Das Verfahren in Preßsachen.

A. Verwaltungssachen.

Das Verfahren, nach dem in Schweden die verschiedenen Vergehen gegen die Preßverordnung verfolgt und geahndet werden, weicht in zahlreichen Einzelheiten von dem gewöhnlichen Prozeßrecht ab und bedarf daher einer besonderen Darstellung. Man muß zunächst zwischen zwei Hauptgruppen unterscheiden: den Verwaltungssachen, bei denen es

---

[1]) Vgl. oben S. 23.

sich um die Übertretung von Ordnungsvorschriften handelt, und den eigentlichen Preßvergehen, die von den Gerichten abgeurteilt werden. Zu der ersten Gruppe gehört nach § 4 Ziff. 4 die Versäumung der Anmeldungspflicht des § 1 Ziff. 5 durch den Buchdrucker, die Veräußerung von Schriften, auf denen der Name des Buchdruckers, Druckort und Jahreszahl nicht angeführt sind, und schließlich gewisse wirtschaftliche Fragen, die durch etwaige sonstige Bestimmungen geregelt sind. In diesen Fällen entscheidet der Justizminister im Verwaltungswege. Seine Entscheidung ist durch Beschwerde beim höchsten Gericht anfechtbar.

B. Gerichtliche Sachen.

Die Aufzählung der Verwaltungssachen in § 4 Ziff. 4 ist erschöpfend. Alle übrigen Preßsachen sind daher von den Gerichten zu entscheiden. Auch sie zerfallen wieder in zwei Gruppen: die eigentlichen Preßvergehen, die unter Mitwirkung einer Jury als sogenannte Jury- oder Geschworenensachen entschieden werden, und alle übrigen Vergehen gegen die Preßverordnung, die zwar von den gewöhnlichen Gerichten, aber nicht unter Mitwirkung von Geschworenen entschieden werden. Zu den Jurysachen gehören nur die eigentlichen, in § 3 erschöpfend aufgezählten Preßinhaltsdelikte, zu der zweiten Gruppe vor allem die Publikationsvergehen des § 2 Ziff. 4 und daneben die Sachen, die ihrer inneren Natur nach den Verwaltungssachen nahestehen, jedoch trotzdem gerichtlich entschieden werden, z. B. die Nichtablieferung der Pflichtexemplare an den Justizminister oder seinen Beauftragten durch den Buchdrucker, die Verbreitung beschlagnahmter, konfiszierter oder gemäß § 4 Ziff. 12 eingezogener Schriften, sowie die nach § 1 Ziff. 6 und 8 strafbare Verletzung der Anonymität des Verfassers durch den Buchdrucker.

Die Fragen des Gerichtsstandes und der Klageerhebung haben nur für die im gerichtlichen Verfahren zur Erledigung kommenden Pressesachen Bedeutung. Zur Entscheidung ist immer ein städtisches Gericht berufen. Diese eigenartige Tatsache erklärt sich daraus, daß die Überwachung und Kontrolle der Druckschriften zu ihrer Wirksamkeit eine lokale Begrenzung des Preßgewerbes verlangt. Liegt die Druckerei, in der die inkriminierte Schrift hergestellt worden ist, in einer Stadt mit eigener Jurisdiktion, so ist deren Ratsgericht zuständig; liegt sie in dem Bezirk eines Provinzgerichts, so ist das Ratsgericht der Provinzialhauptstadt zuständig (§ 5 Ziffer 6). Für die Preßdeputierten ist das Svea-Hofgericht in Stockholm zuständig; Ankläger ist der Advokatfiskal dieses Hofgerichts (§ 5 Ziffer 14).

Die Klage kann in allen gerichtlichen Sachen von dem öffentlichen Ankläger und von einzelnen Beteiligten, unter Umständen nur von diesen, erhoben werden (§ 4 Ziffer 3 und 5, § 5 Ziffer 11). Eine Popularklage ist der geltenden Preßverordnung unbekannt, im Gegensatz zu ihren beiden Vorgängerinnen von 1766 und 1774, die ausdrücklich „jedem treuen Untertan" das Recht zuerkannten, „in Sachen, die Vergehen gegen diese Verordnung betreffen, Klage zu führen" (§ 4 beider Verordnungen). Dieses allgemeine Anklagerecht wurde durch die Verordnung von 1810 beseitigt. Die geltende Verordnung von 1812 hat daran nichts geändert.

Öffentliche Anklagebehörde ist, wie bereits in anderem Zusammenhange erwähnt, der Justizkanzler. Er hat aus eigener Initiative oder auf Antrag des Justizministers oder irgendeines anderen über die Erhebung der Anklage zu entscheiden, die von den ihm untergeordneten Beamten vertreten wird. Das subsidiäre Anklagerecht des Justiz- und Militärsachwalters[1]) im Zusammenhang mit ihrer Aufgabe, die Befolgung der Gesetze durch Richter und Beamte zu überwachen, hat Bedeutung vor allem für die Frage der Veröffentlichung amtlicher Urkunden und Akten (§ 4 Ziffer 5).

Öffentliche Anklage wird zunächst bei sämtlichen Publikationsvergehen und den meisten diesen verwandten Vergehen erhoben[2]), ferner in einer großen Zahl der im § 3 aufgestellten eigentlichen Preßvergehen. Es kommt hier darauf an, ob ein öffentliches oder privates Interesse verletzt ist, was in den meisten Fällen sehr umstritten ist. Der einzige Tatbestand, in dem unzweifelhaft nur ein privates Interesse verletzt wird, ist der des § 3 Ziffer 11 (ehrenrührige Angriffe gegen Einzelpersonen). Hier ist nur der Verletzte oder sein Vertreter zur Anklageerhebung berechtigt (§ 5 Ziffer 11).

---

[1]) Über den Militärsachwalter vgl. § 96 der Verfassung.

[2]) Eine Ausnahme bilden die Anonymitätsvergehen, die im Wege der Privatklage zu verfolgen sind.

Im übrigen berühren sich oft die Voraussetzungen des Privatklagerechts und die der öffentlichen Anklage und gehen vielfach ineinander über. So berührt z. B. das Vergehen des § 3 Ziffer 8 (Beleidigung eines Beamten in seiner Beamteneigenschaft) unstreitig vor allem öffentliche Interessen; trotzdem hat auch der verletzte Beamte das Recht, Privatklage zu erheben. Noch zweifelhafter ist der Fall des § 3 Ziffer 12: Dort handelt es sich um „lügenhafte Angaben und verzerrte Darstellungen zur Irreführung und Verleitung der Öffentlichkeit". Damit sollen nach dem Willen des Gesetzgebers solche Darstellungen getroffen werden, die den Zweck verfolgen, die öffentliche Ruhe zu stören und Unzufriedenheit gegen die Behörden hervorzurufen. Das zu schützende Interesse erscheint also auch hier zunächst als ein rein öffentliches. Die Praxis ist aber, nicht ohne Widerspruch zu finden, darüber hinausgegangen. In einer ganzen Reihe von Fällen sind auf Grund dieser Bestimmungen auch von Privatpersonen erhobene Privatklagen — meist zum Schutze gegen irreführende Darstellung über ihre Person oder ihre wirtschaftlichen Verhältnisse — zugelassen worden. Die für die Erhebung der Klage bestimmte Ausschlußfrist ist für die öffentliche und die Privatklage verschieden. Sie beträgt nach § 4 Ziffer 6 für die erste 6 Monate, vom Tage der Einreichung der Schrift beim Justizminister oder dessen Beauftragten an gerechnet; für die letzte ist auf das allgemeine Strafgesetz verwiesen; sie beträgt demnach gemäß Kap. 5 § 14 des StGB. je nach der Art des Vergehens zwei oder fünf Jahre.

C. Die Juryprozesse.

Die preßrechtlich interessantesten Fälle sind die vor der Jury verhandelten Sachen, und zwar einmal wegen ihrer materiellen Bedeutung, zum anderen wegen des eigenartigen, in allen wesentlichen Punkten durch die Preßverordnung selbst geregelten besonderen Verfahrens, in dem sie entschieden werden.

Der Umfang der Jury-Sachen, d. h. der Sachen, die unter Hinzuziehung von Geschworenen entschieden werden, wird nach der in Theorie und Praxis herrschenden Meinung durch § 3 der Preßverordnung erschöpfend bestimmt. Man folgert dies aus § 5 Ziffer 1 der Preßverordnung, der besagt, daß „die Gesetzmäßigkeit des Inhalts inkriminierter Schriften immer durch eine Jury zu prüfen" sei.

Es handelt sich hier also um den Inhalt des Gedruckten, bei dessen Prüfung — nach der Einleitung des § 3, der sogen. Jury-Instruktion — die Aufmerksamkeit „mehr auf die Gesetzwidrigkeit des Gegenstandes und Gedankens als des Ausdrucks, mehr auf den Zweck als auf die Darstellungsweise zu richten ist".

Es ist leicht erklärlich, daß die Schöpfer des Gesetzes, die Erfahrungen der Gustavianischen Epoche vor Augen, für jeden einzelnen Fall besonders eingesetzte Geschworene für geeigneter hielten, diese Aufgabe in einer die staatsbürgerlichen Rechte wahrenden und die öffentliche Meinung befriedigenden Art und Weise zu lösen, als eine in gewohnheitsmäßiger Routine arbeitende Verwaltungs- oder Gerichtsbehörde. Doch ist die Jury nicht in demselben Jahre wie die neue Staatsverfassung entstanden. Ein entsprechender Antrag hatte allerdings dem verfassunggebenden Reichstag von 1809/10 vorgelegen, jedoch zu keinem Resultat geführt. Erst 1815 wurde die Jury geschaffen, die seitdem in der Hauptsache unverändert fungiert hat.

Das Verfahren in Jury-Sachen ist kurz folgendes: Nachdem die Sache bei dem zuständigen Gericht (regelmäßig dem Ratsgericht) anhängig gemacht worden ist, hat dieses nicht nur die Vorfragen, z. B. die Passivlegitimation nach den Regeln der Verantwortlichkeitskette, die Innehaltung der Ausschlußfrist usw., zu prüfen, sondern auch den Streitstoff zu sammeln und zu sichten. Als Rest des alten inquisitorischen Verfahrens besteht die Pflicht des Angeklagten zu persönlichem Erscheinen fort (§ 5 Ziffer 6). Die prozeßleitende Tätigkeit des Gerichts schließt mit einer „gedrängten, doch sorgfältigen, schriftlich abgefaßten Darstellung der Art und des Standes der Streitsache", die den Geschworenen zur Beantwortung der sogen. Jury-Frage dienen soll, d. h. der Frage, mit der der vorsitzende Richter nach Abschluß der gerichtlichen Ermittlungen die Sache den Geschworenen zur Entscheidung überläßt. Sie lautet: „Enthält die Schrift ein Vergehen gegen die gesetzliche Bestimmung, auf die sich der Ankläger berufen hat?" (§ 5 Ziffer 4).

Daraus ergeben sich einige Besonderheiten des schwedischen Juryprozesses. Zunächst fällt die Verpflichtung des Anklägers, und zwar des öffentlichen wie des privaten, auf, das Vergehen unter das Gesetz zu rubrizieren. Er hat die

Vorschrift, auf die er die Anklage stützt, anzugeben, und es ist sehr wichtig, die richtige Wahl zu treffen, da nach Übergabe der Sache an die Geschworenen keine Änderung mehr vorgenommen werden kann. Die Angabe einer unrichtigen Vorschrift kann, da die Aufgabe der Geschworenen auf Bejahung oder Verneinung der gestellten Fragen beschränkt ist, dazu führen, daß eine Schrift freigegeben werden muß, obwohl sie ein Vergehen gegen eine andere Vorschrift enthält. Man pflegt daher mehrere Vorschriften alternativ zu zitieren. Es ist weiter zu beachten, daß in den zahlreichen Fällen, wo die Bestimmung der Preßverordnung bezüglich des Strafmaßes auf das allgemeine Strafgesetz verweist, auch dessen Bestimmungen anzuführen sind.

Auch die Beweisfrage erfordert einige Worte der Erklärung. Sie spielt eigentlich nur in den Privatklagefällen, z. B. denen des § 3 Ziffer 11 und 12, eine Rolle, die meist Vergehen gegen die Ehre darstellen. Die Beweisführung regelt sich in solchen Fällen auch im Preßprozeß nach den allgemeinen strafprozessualen Vorschriften. Wer einem anderen ein bestimmtes Verbrechen oder eine bestimmte Art von Verbrechen zum Vorwurf gemacht hat, muß, um dies zu beweisen, ein rechtskräftiges Urteil darüber vorlegen, oder wegen des vorgeworfenen Verbrechens Privatklage vor dem zuständigen Gericht erheben. Während dieses Prozesses ruht der Preßprozeß. Eine andere Form des Beweises ist auch in Preßsachen nicht zulässig[1]).

Interessant ist schließlich noch das altertümliche Gepräge, das der schwedische Preßprozeß durch die scharfe Trennung zwischen der formellen Verhandlung der Sache durch das Gericht und ihrer materiellen Entscheidung durch die Geschworenen erhält. Die Geschworenen konstituieren sich erst nach Beendigung der gerichtlichen Ermittlungen. Sie haben also keine eigene Kenntnis des Ganges und Ergebnisses der Verhandlung, erhalten keine persönliche Anweisung durch den Richter, und haben keinen anderen Anhaltspunkt für die Beurteilung des Streitstoffes als das oben erwähnte schriftliche Resumé. Dieser Prozeßgestaltung entsprechend ist der Streitstoff zum wesentlichen Teil in den Schriftsätzen der Parteien enthalten.

Die Jury besteht aus neun Personen. Jede Partei benennt vor Gericht vier, das Gericht selbst bestimmt fünf Personen.

---

[1]) Vgl. Stgb. Kapitel 16, § 13.

Darauf lehnt jede Partei ohne Angabe von Gründen einen Kandidaten des Gerichts und der Gegenpartei ab, so daß die Zahl von 13 auf 9 herabgesetzt wird (§ 5 Ziffer 2), und auf diese Weise je drei Geschworene vom Gericht und von jeder Partei bestimmt sind. Vor Beginn des Ausschlußverfahrens hat das Gericht zu prüfen, ob bei einem der 13 Kandidaten Umstände vorliegen, die ihn gemäß Kapitel 13 § 1 der Prozeßordnung an der Ausübung des Richteramts hindern. Sowohl die Wahl wie der Ausschluß ist Pflicht jedes Prozeßbeteiligten. Gegen die Nichterfüllung dieser Pflicht, die praktisch nur bei dem Beklagten vorkommen kann, kennt die Preßverordnung allerdings kein Mittel. Der einzig sichere und von der Praxis auch beschrittene Ausweg ist der, daß der Richter selbst an die Stelle des Säumigen tritt.

Die Preßverordnung kennt zwei Voraussetzungen der Wählbarkeit: der Betreffende muß „in der Stadt (dies gilt für das zu keiner Provinz gehörige Stockholm) oder der Provinz wohnen" und „eine für bürgerliche Tugenden bekannte Person" sein. Unter der ersten Voraussetzung ist tatsächliche Ansässigkeit zu verstehen; ob eine Eintragung in die Steuerlisten erfolgt ist, ist gleichgültig. Die zweite Bedingung ist nicht schon dann erfüllt, wenn man sich im Sinne des Gesetzes gut geführt hat, d. h. nicht vorbestraft ist; das Gericht kann vielmehr nach seinem Ermessen weitergehende Anforderungen stellen. Als Disqualifikationsgründe sind angesehen worden: daß der Betreffende für unwürdig erklärt worden ist, für einen anderen aufzutreten, daß gegen ihn als pflichtsäumigen Familienversorger unterhaltsrechtliche Zwangsmaßnahmen ergriffen werden mußten, daß er Landstreicher ist usw. Die zweite Voraussetzung erfordert ferner ihrem Sinne nach auch Mündigkeit und schwedische Staatsangehörigkeit. Auch Frauen sind jetzt, obwohl das Gesetz von Jury-Männern spricht, wählbar. Eine Vergütung erhalten die Geschworenen mangels einer gesetzlichen Bestimmung nicht. In einigen Fällen sind bei besonderen Umständen die Reisekosten ersetzt worden. Sie werden nach den allgemeinen Bestimmungen über den Ersatz von Prozeßkosten entweder von jeder Partei zur Hälfte oder von der unterliegenden Partei allein getragen. Das Geschworenenamt gilt als staatsbürgerliches Vertrauensamt und kann nicht abgelehnt werden. Ausdrückliche Bestimmungen finden sich hierüber weder nach der einen noch nach der anderen Richtung. In der Praxis erkennt das Gericht jeden einigermaßen triftigen Grund als Entschuldigung an. Absagen sind zahlreich und verzögern häufig die Konstituierung der Jury.

Ist die Zahl der Geschworenen durch das Ausschlußverfahren auf neun herabgesetzt, bestimmt das Gericht einen Termin für den Zusammentritt und für die Ablegung einer eidlichen Versicherung, nach der sie „nach bestem Wissen und Gewissen ihre Entscheidung fällen und unverbrüchliches Schweigen über die Äußerungen während der Beratung und die Stimmabgabe der einzelnen Geschworenen bewahren werden" (§ 5 Ziffer 3). Danach wird die Jury-Frage gestellt und die Sache den Geschworenen zur Entscheidung überlassen. Diese treten unmittelbar darauf — ein Aufschub ist nicht gestattet — zusammen und dürfen nicht eher auseinandergehen, bis sämtliche gestellten Fragen beantwortet sind. Die Beratung erfolgt hinter geschlossenen Türen. Zur Leitung der Verhandlung wird ein Vorsitzender gewählt; ein Protokoll braucht nicht geführt zu werden; keiner darf sich der Stimme enthalten. Zur Bejahung jeder Frage ist $^2/_3$-Mehrheit erforderlich. Das hat zur Folge, daß unter der Voraussetzung, daß jede Partei sichere Vertreter ihrer Ansicht gewählt hat, die vom Gericht bestimmten Geschworenen den Ausschlag geben. Stimmt unter diesen Umständen nur einer von den nicht vom Angeklagten gewählten Geschworenen mit „nein", so muß Freispruch erfolgen. Dies hat zur Folge, daß die Staatsanwaltschaften mit einer Verurteilung des Angeklagten nur in völlig zweifelsfreien Fällen zu rechnen haben und dementsprechend auch nur in solchen Anklage erheben.

Aus dem oben über die Beweisfrage Ausgeführten geht hervor, daß die Geschworenen nicht in eine Prüfung der Wahrheit von in der Presse verbreiteten Beleidigungen einzutreten haben. Sie haben lediglich die Jury-Frage mit „ja" oder „nein" zu beantworten. Wie weit dieser vom Gesetz eingenommene Standpunkt in der Praxis befolgt wird, entzieht sich bei der Heimlichkeit der Geschworenenverhandlungen jeder Nachprüfung.

Die Jury beendet ihre Tätigkeit mit einem gewöhnlich schriftlich abgefaßten Spruch, der keine Begründung, sondern nur das Ergebnis der Abstimmung enthalten soll. Damit geht die weitere Verhandlung des Prozesses wieder an das Gericht zurück, das „unverzüglich" (§ 5 Ziffer 5) nach dem Spruch der Geschworenen und in Übereinstimmung mit diesem die Entscheidung zu verkünden hat. Der Spruch der Geschworenen ist jeder Nachprüfung durch das Gericht entzogen, das, falls der Spruch nicht auf Freispruch lautete, lediglich die Strafe nach den gesetzlichen Vorschriften zu bestimmen hat. Doch gilt dies nur für die Hauptfrage selbst. Über etwaige mit ihr im Zusammenhang stehende Nebenfragen, die nicht der Entscheidung der Geschworenen unterstanden, hat das Gericht nach den allgemeinen prozessualen Vorschriften zu erkennen, so z. B. über Schadensersatzforderungen, Widerklagen und die Frage der Prozeßkosten.

Die Entscheidung des Gerichts ist immer dem Hofgericht zu unterbreiten, auch wenn es sich um Sachen handelt, in denen nicht die Geschworenen entschieden haben, z. B. um Publikationsvergehen. Die Einlegung von Rechtsmitteln in Preßsachen erfolgt nach den Bestimmungen der allgemeinen Prozeßordnung. Doch ist zu beachten, daß sich die Rechtsmittel lediglich gegen die Entscheidungen des Gerichts richten, während die übergeordnete Instanz ebensowenig wie die untere den Spruch der Geschworenen nachprüfen kann.

Der Geschworenen-Prozeß hat zweifellos im großen und ganzen den mit seiner Einführung verfolgten Zweck erfüllt: ein Schutz für das freie Wort zu sein; er hat auch während des vergangenen Jahrhunderts tiefe Wurzeln im schwedischen Rechtsleben geschlagen. Trotzdem bestehen einige Bedenken gegen ihn. Das wichtigste ist folgendes: Die Jury ist nicht nur ein Gericht ad hoc, wogegen sich an und für sich und auf einem Gebiet, wie dem hier in Frage stehenden, nichts einwenden läßt, sondern sie ist, was viel wichtiger ist, ein Gericht, auf dessen Zusammensetzung die Parteien einen unmittelbar maßgebenden Einfluß ausüben. In ein und demselben Prozeß werden die Aufgaben des Anwalts und die des Richters in einer Hand vereinigt, und es gibt daher keine Garantie dafür, daß die Jury ihren Spruch nur auf das von den Parteien vorgebrachte und vom Richter zusammengefaßte Prozeßmaterial und nicht auch auf Erklärungen stützt, die erst während der geheimen Beratung der Geschworenen vorgebracht werden. Damit wird der Rechtsgrundsatz, daß niemand verurteilt werden darf, ohne die Gründe und Beweise der Gegenpartei zu kennen und die Möglichkeit gehabt zu haben, zu ihnen Stellung zu nehmen, verletzt (vgl. „Betänkande“ von 1912, S. 115). Die Versuche, die, zuletzt in einem wohldurchdachten Ausschußbericht von 1912, zur Reform des Geschworenenprozesses unternommen worden sind, haben jedoch zu keinem Ergebnis geführt, vor allem wohl deswegen, weil die Vertreter der periodischen Presse sich gegen jede durchgreifende Veränderung des geltenden Preßrechts wehren, mit dem sie sich gut zurechtgefunden haben.

VI. Kapitel.

Ausländische Druckschriften.

Die preßrechtliche Stellung der in Schweden wohnenden Ausländer und die Behandlung ausländischer Druckerzeugnisse in Schweden ist im schwedischen Preßrecht besonders geregelt. Denn da die preßrechtlichen Grundsätze des § 86 der Verfassung und der Einleitung zur Preßverordnung in ihrem personellen Geltungsbereich auf schwedische Staatsangehörige beschränkt sind, müßte streng genommen das ganze System preßrechtlicher Bestimmungen auf solche in Schweden ansässige Personen ohne Rücksicht auf die Länge ihres Aufenthaltes keine Anwendung finden, die nicht die schwedische Staatsangehörigkeit besitzen. In der Praxis werden die Ausländer jedoch im großen und ganzen wie schwedische Staatsangehörige behandelt[1]). Es bestehen eigentlich nur zwei Unterschiede. Einmal haben die Ausländer nicht wie schwedische Staatsangehörige das Recht, die Herausgabe amtlicher Urkunden und Akten zu verlangen, zum andern gelten naturgemäß auch auf preßrechtlichem Gebiet dieselben Beschränkungen, die allgemein für den Gewerbebetrieb und den Erwerb von Grundstücken für Ausländer gelten; zu beiden ist königliche Genehmigung erforderlich.

Bei den im Ausland gedruckten und nach Schweden eingeführten Druckschriften unterscheidet die Preßverordnung zwischen den in schwedischer und den in fremden Sprachen abgefaßten. Für die zweiten besteht keine strafrechtliche Verantwortlichkeit. Sie können jedoch vom

---

[1]) Bezüglich der Verantwortlichkeit vgl. Kapitel I, § 2 Strafgesetz.

Justizminister mit Beschlag belegt werden, wenn ihr Inhalt bestimmte, im § 4 Ziffer 11 aufgestellte Tatbestände des Vergehenskatalogs des § 3 erfüllt. In solchen Fällen kann der König unter Umständen ihre Entfernung aus dem Reichsgebiet anordnen. Zur Ermöglichung einer genügenden Kontrolle über diese Art von Schriften ist vorgeschrieben, daß jeder Buchhändler dem Justizminister oder dessen Beauftragten ein Verzeichnis der in seinem Geschäft befindlichen ausländischen Schriften zu übersenden habe. Da hierfür jedoch keine bestimmten Fristen vorgeschrieben und die Folgen der Unterlassung nicht festgelegt sind, ist die Einreichung solcher Verzeichnisse allmählich außer Gebrauch gekommen.

Gegenüber den im Ausland gedruckten schwedischen Schriften hat der Justizminister gemäß § 4 Ziffer 10 dieselben Rechte und Pflichten wie gegenüber den im Inland gedruckten. Auch sie können also beschlagnahmt und strafrechtlich verfolgt werden. Da der Beschlagnahme, damit sie gültig bleibt, die Anklageerhebung innerhalb einer bestimmten Frist folgen muß, in der Regel aber niemand vorhanden ist, gegen den Anklage erhoben werden kann, so ist diese Bestimmung praktisch bedeutungslos. Denn der im Ausland wohnende Buchdrucker ist unfaßbar, ebenso meist der Verfasser, da hier auf das Vorhandensein eines Namenszettels erst recht nicht gerechnet werden kann. Daran wird auch dadurch nichts geändert, daß nach § 4 Ziffer 1 jeder, der solche Schriften veräußert, ebenfalls verpflichtet ist, dem Justizminister oder dessen Beauftragten ein Prüfungsexemplar abzuliefern und daß ihn bei Unterlassung dieselbe Verantwortung wie sonst den Buchdrucker trifft. Die Bestimmung wird auch nicht angewandt und würde zu ihrer wirksamen Durchführung einen für das ganze Reichsgebiet für diese Schriften eingesetzten Kommissionär voraussetzen.

Schließlich ist in diesem Zusammenhange noch die eigenartige Bestimmung des § 5 Ziffer 13 zu erwähnen, der internationale Bedeutung zukommt. Sie behandelt den Fall, daß eine in Schweden veräußerte Schrift, die in Schweden gedruckt oder vom Auslande eingeführt ist, „von einem oder mehreren Gesandten fremder Mächte oder deren Regierungen" beanstandet wird, weil sie Gegenstände behandelt, „die Unwillen bei anderen Mächten" erregen können. Der König kann in solchem Falle nach seinem Ermessen die Einziehung und Sequestration der Schrift anordnen. Der Justizminister oder der Justizkanzler hat für die Vollstreckung dieser Anordnung zu sorgen und zu prüfen, ob Anklage in der gewöhnlichen Weise zu erheben ist oder nicht. Entscheidet er sich für die letzte Alternative, so hat er von den Preßdeputierten eine gutachtliche Äußerung über die Schrift einzufordern. Deren Prüfung beschränkt sich auf die Frage, ob die Schrift nach schwedischem Recht strafbar ist oder nicht. Wird diese Frage mit „nein" beantwortet, so kann der König, wenn es angemessen erscheint, dem Verleger oder Buchdrucker ihre für die Schrift gemachten Aufwendungen in gewissem Umfange ersetzen. Dieser Teil der Bestimmung ist extensiv auszulegen, die Ersatzmöglichkeit analog also auch dann anzunehmen, wenn die Jury auf eine erhobene Anklage freigesprochen hat. Auf keinen Fall kann jedoch die vom König gemäß § 5 Ziffer 13 angeordnete Sequestration rückgängig gemacht werden.

VII. Kapitel.

Verbände der Presse.

Publicistklubben (Publizistenklub), gegründet 1874, umfaßt mehr als 1000 Redakteure und Journalisten.

Svenska Tidningsutgivareföreningen (Verein der Herausgeber schwedischer Zeitungen) vereinigt fast sämtliche Arbeitgeber der Presse.

Svenska Journalistföreningen (schwedischer Journalistenverein) vereinigt die freien Mitarbeiter der Presse.

Anhang

Schwedisches Preßgesetz vom 16. Juli 1812

Wir, Carl, mit Gottes Gnade König von Schweden etc. etc. tun kund und zu wissen etc.: Nachdem in der von uns am 6. Juni 1809 angenommenen und vom König und den Ständen bestätigten Verfassung dem Schwedischen Volke Freiheit der Presse zugesichert worden ist, und § 86 der erwähnten Verfassung die Preßfreiheit als das Recht eines jeden Schweden bestimmt, ungehindert durch vorherige Eingriffe der Verwaltungsbehörden Schriften herauszugeben und für deren Inhalt später nur vor einem Gericht zur Verantwortung gezogen und nur dann bestraft werden zu können, wenn er gegen eine ausdrückliche Gesetzesvorschrift verstößt, die, ohne die öffentliche Meinung zu unterdrücken, der Aufrechterhaltung der öffentlichen Ruhe dient, wollen wir hiermit erklären, daß es jedem freisteht, seine Gedanken in jeder beliebigen Weise und über alle Gegenstände, inländische und ausländische, gegenwärtige und vergangene, sowie lebende und verstorbene Personen, auszudrücken, unter Beachtung der Vorschriften über den Mißbrauch der Preßfreiheit, die hierunter in Übereinstimmung mit den allgemeinen Gesetzen des Reiches ausdrücklich erlassen sind und der Befriedung des Reiches nach innen und seiner Sicherung nach außen sowie der Wahrung der damit verbundenen Interessen der Obrigkeit, der einzelnen Bürger und der guten Sitten dienen. Infolgedessen verpflichten wir hiermit alle die, denen die Prüfung von Preßvergehen obliegt, den Geschädigten den Schirm und Schutz der Gesetze angedeihen zu lassen, und verordnen, um die Freiheit der Presse in einer den Interessen der Gesamtheit und des Einzelnen gerecht werdenden Weise zu sichern, das Folgende:

§ 1. 1. Alle bisher geltenden Gesetze und Vorschriften, die sich auf die Freiheit der Presse oder den Buchhandel beziehen, sind hiermit aufgehoben; infolgedessen auch alle bisher erlassenen besonderen Verbote gegen die Herausgabe bestimmter Bücher, Schriften und Urkunden. Jeder kann nur in der in diesem Gesetz bestimmten Weise und in den in diesem Gesetz bestimmten Fällen wegen des Inhalts einer Druckschrift angeklagt und bestraft werden.

Schrift im Sinne dieses Gesetzes ist alles, was durch den Druck der Allgemeinheit zugänglich gemacht wird. Periodische Schriften sind solche, die in einer bestimmten Nummernfolge oder zu bestimmten Zeiten erscheinen.

2. Vor der Drucklegung findet eine Prüfung der Schrift nicht statt. Ebensowenig kann die Drucklegung verboten werden. Keine

Schrift kann vor ihrer Herausgabe dem Buchdrucker, Herausgeber oder Verfasser abverlangt werden, ebensowenig ist eine der Drucklegung oder Verbreitung hinderliche Kontrolle der Buchdruckereien, Verfasser und Herausgeber zulässig. Doch bleibt den Unterrichtsanstalten das Recht vorbehalten, in Abhandlungen, die in ihren Lehrsälen öffentlich verteidigt werden sollen, Einsicht zu nehmen und sie zu genehmigen.

3. Das Recht an der Druckschrift wird gemäß § 87 der Verfassung durch besonderes Gesetz geregelt.

Privilegien für die Herausgabe von Schriften sollen hinfort nicht mehr erteilt werden. Unberührt bleibt das Recht des Königs, Privilegien, die zur Unterstützung öffentlicher Einrichtungen bereits verliehen sind, jedesmal auf höchstens 20 Jahre zu erneuern.

4. Die Herausgeber von Tagesblättern und periodischen Schriften müssen sich bei dem Chef des Justizdepartements, d. h. des Departements, zu dem die Justizangelegenheiten gehören, melden und gleichzeitig Titel und Druckort der Schrift angeben. Dieser erteilt, soweit der Antragsteller nicht außerstande erklärt worden ist, für einen anderen aufzutreten, eine Bescheinigung, daß keine Bedenken gegen die Herausgabe der Schrift bestehen.

5. Zum Betriebe von Buchdruckereien sind Privilegien nicht erforderlich. Es steht jedem ohne Rücksicht auf besondere Vorschriften, ältere Privilegien, Buchdruckereireglemente oder Zunftordnungen frei, Druckereien jeder Beschaffenheit und Größe anzulegen, und zwar innerhalb von Städten oder höchstens eine halbe Meile von ihnen entfernt, und, falls nach Ansicht des Königs ein Beauftragter gemäß § 4 Ziffer 1 bestellt werden kann, auch in stadtähnlichen Gemeinden.

Ist die Druckerei an einem Ort, der im Bezirk eines ländlichen Gerichts liegt, angelegt, so ist für den Buchdrucker, die Druckereiarbeiter sowie die Verfasser und Herausgeber der dort gedruckten Schriften in Streitigkeiten, die den Druck betreffen, das Ratsgericht der Provinzialhauptstadt zuständig.

Wer eine neue Buchdruckerei einrichtet, muß spätestens 14 Tage vor Veröffentlichung einer dort gedruckten Schrift dem Magistrat der Stadt, in der die Druckerei angelegt worden ist oder wo sie ihren Gerichtsstand hat, sowie dem Präsidenten der Provinzialregierung die Errichtung und die Lage des Betriebes anzeigen. Diese Pflicht trifft auch denjenigen, der eine Buchdruckerei von einem anderen übernommen hat. In beiden Fällen hat der Präsident der Provinzialregierung, nachdem ihm gehörige Anzeige erstattet worden ist, unverzüglich dem Chef der Justizverwaltung zu berichten. Wird eine Buchdruckerei ohne vorschriftsmäßige Anmeldung angelegt oder übernommen, so hat der Inhaber als Strafe 100 Reichstaler zu zahlen. Ist in einer nicht gehörig angemeldeten Druckerei eine Schrift mit strafbarem Inhalt gedruckt und verbreitet worden, so trifft den Buchdrucker wie den Verfasser gleiche Strafe, außerdem die Verantwortlichkeit für Inhalt und Darstellungsart der Schrift.

6. Der Verfasser ist nicht verpflichtet, seinen Namen auf die Druckschrift zu setzen. Er muß jedoch, gleichgültig, ob er unbekannt bleiben will oder nicht, dem Buchdrucker einen versiegelten Zettel übergeben, der seinen Namen und Wohnort und die Bestätigung dieser Angaben durch zwei an diesem Ort bekannte, in Schweden wohnende schwedische Staatsangehörige enthält. Diese trifft, falls die Schrift beanstandet wird, dieselbe Verantwortlichkeit wie den Verfasser, falls Name und Wohnort des Verfassers unrichtig oder gar nicht angegeben sind oder der Verfasser ohne Grund im Termin ausbleibt. Gibt der Buchdrucker, ohne daß es ihm vom Gericht den Gesetzen entsprechend aufgegeben worden ist, Namen und Wohnort des Verfassers preis, so hat er eine Buße von 200 Reichstalern zu zahlen; gleichzeitig wird sein Vergehen in den Tageszeitungen bekannt gemacht.

7. Wer die Arbeit eines Ausländers oder eine Übersetzung davon oder die Arbeit eines Inländers, der seinen Namen nicht angegeben hat, herausgibt, hat dieselben Rechte und Pflichten und auch dieselbe Verantwortlichkeit wie der Verfasser, soweit nicht in diesem Gesetz etwas anderes bestimmt ist. Herausgeber von Tagesblättern und periodischen Schriften werden hinsichtlich der Verantwortlichkeit immer als die Verfasser angesehen; sie sind ferner auch dafür verantwortlich, daß die für die Herausgabe solcher Schriften erlassenen besonderen Bestimmungen beachtet werden.

8. Bei Beginn des Prozesses ist der Buchdrucker verpflichtet, den Namenszettel des Verfassers dem Gericht einzureichen; andernfalls trifft ihn die Verantwortlichkeit des Verfassers, sofern sich dieser dem Gericht nicht selbst stellt. Handelt es sich um Tagesblätter oder periodische Schriften, so teilt der Chef der Justizverwaltung den Namen des Herausgebers mit. Der Richter kann den Namenszettel, sobald er ihm übergeben ist, öffnen und die dadurch ermittelte richtige Partei laden.

Stellt bei Beendigung des Prozesses der Richter fest, daß die Anklage, die den Prozeß und die Öffnung des Namenszettels zur Folge hatte, unbefugt erhoben worden ist, so trifft den Ankläger eine Strafe von 1100 Reichstalern.

Hat der Buchdrucker ohne Genehmigung des Verfassers oder Herausgebers deren Namen auf eine Schrift gesetzt, so wird er mit Gefängnis bis zu einem Jahr bestraft.

9. Versieht jemand eine Schrift mit einem betrügerischen Titelblatt oder einem unrichtigen Verfasser- oder Herausgebernamen, so wird er mit Zwangsarbeit von sechs Monaten bis zu zwei Jahren bestraft. Ein erdichteter Name, der keine wirkliche Person bezeichnet, kann, wenn der richtige Namenszettel des Autors vorhanden ist, auf das Titelblatt gesetzt werden.

10. Jede Schrift muß den Namen des Buchdruckers, den Druckort und die Jahreszahl enthalten. Läßt der Buchdrucker das außer Acht, so wird er mit Geldstrafe von 50 bis zu 500 Reichstalern oder mit Gefängnis bis zu sechs Monaten bestraft. Wird ein falscher Buchdruckername oder ein unrichtiger Druckort angegeben, so kann darüber hinaus eine Bestrafung mit Zwangsarbeit von zwei Monaten bis zu einem Jahr eintreten. Diese Bestimmungen gelten nicht für Bekanntmachungen des täglichen Lebens, Traueranzeigen, Formulare, Arbeitsbescheinigungen u. ä.

11. Von allen Druckerzeugnissen muß der Buchdrucker, abgesehen von dem in § 4 Ziffer 2 erwähnten Exemplar, ein vollständiges und fehlerfreies Exemplar jeder Auflage kostenlos der Königlichen Bibliothek und jeder inländischen Universitätsbibliothek nebst den dazugehörigen Bildern abliefern, und zwar so, daß Ende Juni jeden Jahres die Erscheinungen des vergangenen Jahres abgeliefert werden. Kommt er dieser Verpflichtung nicht nach, so muß er für jeden einzelnen Fall der Zuwiderhandlung 25 Reichstaler bezahlen und bleibt trotzdem verpflichtet, innerhalb einer neu bestimmten Frist die betreffenden Exemplare abzuliefern.

12. Der Buchhandel und die Veräußerung jeder inländischen oder ausländischen Schrift ist frei. Jeder Verfasser oder Verleger kann seine Schriften entweder selbst oder durch Dritte veräußern. Der Veräußerung von Schriften stehen keine anderen Beschränkungen als die im § 4 dieses Gesetzes aufgeführten entgegen. Veräußert jemand eine Druckschrift, auf der der Name des Buchdruckers, der Druckort oder die Jahreszahl nicht angegeben sind, so muß er für jeden Fall der Zuwiderhandlung 50 Reichstaler zahlen. Ferner trifft ihn, falls die Schrift beanstandet wird und der Buchdrucker oder Verfasser nicht ausfindig gemacht werden kann, die Verantwortlichkeit des Verfassers.

§ 2. 1. In Übereinstimmung mit diesen für eine allgemeine und gesetzlich gebundene Preßfreiheit aufgestellten Grundsätzen steht es, mit den im § 3 aufgezählten Vorbehalten, jedem Verfasser frei, über alles, was Gegenstand menschlichen Wissens ist oder werden kann, seine Gedanken im Druck kundzutun.

2. Die Art der Darstellung steht ebenfalls jedem frei. Allerdings trifft ihn die Verantwortung, wenn sie sich als schändlich oder schmählich erweist.

3. Jeder Verfasser und Herausgeber kann, unter Beachtung der Vorschriften des § 1 Ziffer 3, 4 und 9 und unter der Voraussetzung, daß Rechte Dritter nicht verletzt werden, Schriften jeder Form, jeden Umfangs und jeder Beschaffenheit veröffentlichen.

4. Auf Grund der Ziffer 1 dieses Paragraphen steht es mit den unten angeführten Ausnahmen und Bedingungen ausdrücklich jedem frei, alle gerichtlichen und sonstigen Urkunden, Protokolle und Beschlüsse jeder Art im Druck zu veröffentlichen, gleichgültig, ob sie der Vergangenheit angehören oder erst künftig zu erledigende Gegenstände betreffen und beim Reichsgericht, Höchsten Gericht, Regierungsgericht, Gesetzesrat, der niederen Justizrevision, den Ober- oder Untergerichten, Kollegien, Komitees, Ausschüssen, Direktionen, Kommissionen, Verwaltungsstellen, den Präsidenten der Provinzialregierungen, Konsistorien, Vollstreckungsbehörden oder anderen öffentlichen Behörden zu entscheiden sind, gleichgültig ferner, ob es sich um zivile, kriminelle, ökonomische, militärische oder kirchliche Fragen handelt. Desgleichen können veröffentlicht werden alle früheren, noch geltenden oder erst in Kraft tretenden Instruktionen, Konstitutionen, Reglemente, Statuten, Ordnungen, Privilegien, Reskripte und allgemeinen Vorschriften, ebenso Relationen, Memoranden und Amtsbriefe der oben genannten höheren und niederen Gerichte, Kollegien, Behörden, öffentlichen Korporationen und aller Beamten; schließlich auch die Memoranden, Gesuche, Vorschläge, Gutachten, Beschwerden sämtlicher Sozietäten, Behörden und Privatpersonen, sowie die darauf ergangenen Antworten und Entscheidungen, soweit sie von öffentlichen Beamten und Behörden bearbeitet worden sind. Zu diesem Zwecke sind alle diese bei den Gerichten und anderen Amtsstellen entstandenen Urkunden unverzüglich und ohne Zeitverlust gegen Entgelt auf Antrag jedem, gleichgültig, ob er an der Sache beteiligt ist oder nicht, herauszugeben. Ein öffentlicher Beamter, der dies verweigert oder ungebührlich verzögert, kann wegen Dienstvergehens zur Verantwortung gezogen werden. Ebenso ist jedermann zu allen Archiven freier Zutritt zu gewähren, damit er dort alle Urkunden jeder Art abschreiben oder abschreiben lassen kann. Stehen dem bedeutende Hindernisse entgegen, so sind ihm die Urkunden gegen angemessenes Entgelt in beglaubigter Abschrift auszuliefern.

Dabei sind jedoch folgende Ausnahmen unbedingt zu beachten: (Es folgt eine lange Aufzählung der Urkunden, deren Auslieferung nicht oder erst nach Ablauf einer bestimmten Zeit und unter bestimmten Bedingungen verlangt werden kann.)

Im übrigen steht es, da es zu weitläufig wäre, alle Gegenstände genau zu bezeichnen, jedem frei, alles, was in diesem Gesetz nicht verboten ist, durch den Druck allgemein bekannt zu machen. Infolgedessen kann auch das, was über die in diesem Gesetz zugelassenen Gegenstände im Druck bemerkt oder kritisch dem Tageslicht unterbreitet wird, nicht unter dem Vorwand, einen Tadel oder eine Rüge zu enthalten, als strafbar bezeichnet werden, sofern nicht die Art der Darstellung sich als schmählich oder schändlich erweist und deswegen eine Verantwortlichkeit nach diesem Gesetz eintritt.

§ 3. Unter der Voraussetzung, daß bei der Prüfung einer Schrift und der Verantwortlichkeit für sie diejenigen, denen die Prüfung obliegt, in zweifelhaften Fällen eher freisprechen als verurteilen und ihre Aufmerksamkeit immer mehr auf die Gesetzwidrigkeit des Gegenstandes und Gedankens als des Ausdrucks, mehr auf den Zweck als die Darstellungsart richten und niemals berechtigt sind, aus dem Text unbestimmte Schlußfolgerungen zu ziehen, sind als Mißbrauch der Preßfreiheit anzusehen:

1. Lästerungen Gottes oder Verhöhnung seines Wortes und der Sakramente; die Strafe bestimmt sich nach den allgemeinen Gesetzen, die Schrift wird konfisziert.

2. Leugnung Gottes und eines ewigen Lebens oder der reinen evangelischen Lehre. Das Vergehen wird mit Geldstrafe von 33 Reichstalern 16 Schillingen bis zu 333 Reichstalern 16 Schillingen oder mit Gefängnis von zwei Monaten bis zu einem Jahre bestraft und die Schrift konfisziert.

3. Verhöhnung des allgemeinen Gottesdienstes. Die Strafe bestimmt sich nach den allgemeinen Gesetzen, die Schrift wird konfisziert.

4. Alle lästerlichen Äußerungen über die hohe Person und die Taten des regierenden Königs, seiner Gemahlin und des Thronfolgers; die Strafe bestimmt sich nach den allgemeinen Gesetzen, die Schrift wird konfisziert.

5. Schmähende Ausdrücke gegen die übrigen Mitglieder des regierenden Königshauses, soweit sie im Reiche königliche oder fürstliche Würden genießen. Die Strafe bestimmt sich nach den allgemeinen Gesetzen, die Schrift wird konfisziert.

6. Schmähende Ausdrücke über die Stände des Reiches oder eine ihrer Abteilungen; die Strafe bestimmt sich nach den allgemeinen Gesetzen, die Schrift wird konfisziert.

7. Aufforderungen zu Verbrechen oder der Versuch, anders als durch ausdrückliche Aufforderung, so durch Rühmen einer verbrecherischen Handlung, zu ihrer Begehung zu verleiten, ferner jeder Versuch, in anderer Weise zu Ungehorsam gegen die Gesetze und Behörden zu veranlassen. Die Strafe bestimmt sich nach den allgemeinen Gesetzen, die Schrift wird konfisziert.

8. Schmähende Ausdrücke gegen die Beamten und Diener des Reiches in ihrer Beamteneigenschaft. Die Strafe bestimmt sich nach den allgemeinen Gesetzen, die Schrift wird konfisziert.

9. Schmähende oder Verwicklungen mit fremden Mächten herbeiführende Urteile und Äußerungen über Nationen und Staaten, mit denen sich das Reich im Frieden befindet, über deren Oberhaupt, Regierung und Regierungsform, hohe Beamte und Gesandten, innere und äußere Verhältnisse, Geschäfte und Unterhandlungen. Die Strafe bestimmt sich nach § 28 Kap. 8 des Strafgesetzbuches, die Schrift wird konfisziert. Ist die Schrift nicht schmähenden oder aggressiven Charakters, hat sie aber trotzdem zu Mißverständnissen mit fremden Mächten Anlaß gegeben, so kann sie ohne vorheriges Verfahren konfisziert werden.

10. Die Veröffentlichung alles dessen, was mit den mit fremden Mächten geführten, in Gang befindlichen Unterhandlungen in Zusammenhang steht, insbesondere der darauf bezüglichen Beschlüsse und Absichten des Königs und der Aufgaben der Minister, Räte und Gesandten, es sei denn, daß es mit Genehmigung der Regierung geschieht oder offiziell zugelassen ist. Die Strafe bestimmt sich nach den allgemeinen Gesetzen, die Schrift wird konfisziert.

In Kriegszeiten und bei Kriegsgefahr die Veröffentlichung von Mitteilungen über die Stärke, Stellung und die Bewegungen der Kriegsmacht und die übrigen Verteidigungsmaßnahmen, deren Veröffentlichung der König im Staatsrat verboten hat. Zuwiderhandlungen werden, sofern die Tat mit Strafe bedroht ist, nach den allgemeinen Strafgesetzen, sonst mit Gefängnis von einem Monat bis zu zwei Jahren, in leichteren Fällen mit Geldstrafe von 33 Reichstalern 16 Schillingen bis zu 333 Reichstalern 16 Schillingen bestraft und die Schrift konfisziert.

Außer diesen Fällen: die Veröffentlichung solcher Abbildungen und Beschreibungen der Festungen und übrigen ständigen Verteidigungsplätze des Reiches, deren Veröffentlichung der Verteidigung des Reiches schaden kann und von denen der Herausgeber weiß, daß sie geheim zu halten sind. Die Strafe bestimmt sich nach den allgemeinen Gesetzen, die Schrift wird konfisziert.

11. Angriffe gegen einzelne Personen, die ehrenrührig sind oder deren guten Namen und Leumund beeinträchtigen. Die Strafe bestimmt sich nach den allgemeinen Gesetzen, die Schrift wird konfisziert.

12. Lügenhafte Angaben und verzerrte Darstellungen zur Irreführung der Allgemeinheit. Das Vergehen wird mit Geldstrafe von 33 Reichstalern 16 Schillingen bis 333 Reichstalern 16 Schillingen bestraft und die Schrift konfisziert; dieselbe Strafe gilt für Einladungen zur Teilnahme an nichtkonzessionierten inländischen und ausländischen Lotterien.

13. Darstellungen, die Zucht und Sittlichkeit verletzen; Verkaufsangebote von Gegenständen, die zu unzüchtigem Gebrauche

und zur Vorbeugung gegen die Folgen des Geschlechtsverkehrs bestimmt sind, ferner, falls eine Gefahr zur Verführung anderer besteht, der Versuch, zur Anwendung solcher Gegenstände zu verleiten und die Mitteilung von Gebrauchsanweisungen. Die Strafe bestimmt sich nach den allgemeinen Gesetzen, die Schrift wird konfisziert.

Als allgemeine Regel gilt, daß von konfiszierten Schriften von neuem nur soviel veröffentlicht werden darf, als das mit der Sache zuletzt befaßte Gericht für zulässig erachtet hat.

§ 4. Die Aufsicht über die Gesetzmäßigkeit der Druckschriften im allgemeinen wird wie folgt geregelt:

1. Der Chef der Justizverwaltung hat in der Hauptstadt und anderwärts entweder selbst oder durch die von ihm bestellten Beauftragten die Aufsicht über die Druckschriften in der unten näher bezeichneten Weise wahrzunehmen. Der König entscheidet, ob der Chef der Justizverwaltung auch an Orten, an denen keine Druckerei besteht, einen besonderen Beauftragten haben muß.

2. Zu derselben Zeit, in der eine Schrift verkauft oder auf andere Weise verbreitet wird, ist, in Stockholm, ein Exemplar an den Chef der Justizverwaltung, in den anderen Orten an seinen Beauftragten abzuliefern. Buchdrucker, die diese Vorschrift außer Acht lassen, werden mit Geldstrafe von 50 bis zu 500 Reichstalern oder Gefängnis bis zu 6 Monaten bestraft. Wenn sie Tagesblätter oder periodische Schriften, ohne die vom Chef der Justizverwaltung über die stattgefundene Anmeldung ausgestellte Bescheinigung in Händen zu haben, drucken, werden sie mit 100 Reichstalern bestraft; die Herausgabe der Schrift wird so lange eingestellt, bis der Herausgeber die oben gegebenen Bestimmungen beachtet hat.

3. In allen Fällen, in denen gemäß § 2 Ziffer 4 oder § 3 durch den öffentlichen Ankläger Anklage erhoben wird, kann der Chef der Justizverwaltung oder sein Beauftragter, falls er es für erforderlich hält, eine Schrift mit Beschlag belegen lassen. Die Beschlagnahme muß spätestens innerhalb von acht Tagen durchgeführt sein. Hat die Beschlagnahme auf dem Lande stattgefunden, so hat der Chef der Justizverwaltung innerhalb eines Monats nach ihrer Durchführung dem Beauftragten seine Genehmigung mitzuteilen oder die Aufhebung anzuordnen. Ist in der Hauptstadt die Beschlagnahme nicht innerhalb von acht Tagen durchgeführt oder, wenn sie auf dem Lande stattgefunden hat, die Genehmigung des Chefs der Justizverwaltung nicht innerhalb der Monatsfrist erfolgt, so kann die Beschlagnahme nur auf Grund eines Gerichtsbeschlusses oder einer Äußerung des Preßkomitees Gültigkeit haben. In allen Fällen jedoch, in denen nach Ansicht des Chefs der Justizverwaltung Vergehen gegen dies Gesetz vorliegen, die nicht als bloße Ordnungs-

sachen seiner eigenen Entscheidung unterstehen, oder, wie persönliche Kränkungen, von den einzelnen Verletzten verfolgt werden müssen, hat der Chef der Justizverwaltung, gleichgültig, ob er eine Beschlagnahme oder nur Anklageerhebung für nötig hält, die Schrift unverzüglich und unmittelbar an den Justizkanzler zur weiteren Veranlassung zu übersenden.

4. Zu den Ordnungssachen gehören die Fälle, in denen bei Anlegung einer Druckerei die Bestimmung des § 1 Ziffer 5 außer Acht gelassen ist, oder entgegen der Vorschrift des § 1 Ziffer 12 Druckschriften, auf denen der Name des Buchdruckers, der Druckort oder die Jahreszahl fehlte, veräußert worden sind. In diesen Fällen kann der Chef der Justizverwaltung den Zuwiderhandelnden nach den Vorschriften dieses Gesetzes zur Verantwortung ziehen. Dieser kann jedoch gegen die Entscheidung beim König zu Händen der Justizrevisionsexpedition Beschwerde einlegen, und zwar in Stockholm innerhalb von 14 Tagen, sonst innerhalb eines Monats, nachdem er von dem Bescheid des Chefs der Justizverwaltung Kenntnis erhalten hat. Im übrigen gehören zu den Ordnungssachen nur noch solche wirtschaftlichen Fragen, die, ohne Verstöße gegen Bestimmungen dieses Gesetzes zu enthalten, nach noch geltenden Buchdrucker- und Buchhandelsreglementen der Entscheidung des Chefs der Justizverwaltung unterstehen.

5. Sobald der Chef der Justizverwaltung dem Justizkanzler von einem Vergehen gegen dieses Gesetz Mitteilung gemacht hat, hat dieser unverzüglich wegen desselben vor dem zuständigen Gericht durch den dazu bestellten Ankläger Anklage erheben zu lassen. Auch er hat im übrigen durch seine Beauftragten den gesetzmäßigen Gebrauch der Preßfreiheit zu überwachen. Ebenso sind der Justiz- und der Militärsachverwalter verpflichtet, bei Vergehen gegen dieses Gesetz einzuschreiten, soweit dies in ihren Instruktionen vorgesehen ist. Gegen eine Einzelperson gerichtete Kränkungen sind durch den Verletzten selbst oder dessen Beauftragten zu verfolgen.

6. Nach Ablauf von sechs Monaten seit der auf Grund der beiden vorhergehenden Absätze erfolgten Einreichung einer Schrift bei dem Chef der Justizverwaltung oder dessen Beauftragten, die sofort amtlich vermerkt werden muß, kann keine öffentliche Anklage mehr erhoben werden. Auf das Privatklagerecht in Sachen, in denen eine Privatperson durch den Inhalt einer Druckschrift persönlich verletzt worden ist, finden die allgemein geltenden Vorschriften Anwendung. Ist eine Schrift mit Beschlag belegt, so muß die Anklage in Stockholm binnen acht Tagen, in den Provinzen binnen acht Tagen nach Bekanntwerden der Genehmigung des Chefs der Justizverwaltung erhoben werden. Andernfalls fällt die Beschlagnahme fort, und die Schrift kann ungehindert veräußert werden.

7. Herausgeber von Tagesblättern und periodischen Schriften, die nach § 1 Ziffer 7 allein als Verfasser verantwortlich sind, müssen vor allen anderen an einen rechten Gebrauch der Preßfreiheit erinnert werden. Ihre Vergehen werden daher, soweit sie mit Geldstrafe bedroht sind, mit dem Doppelten der sonst vorgesehenen Summen bestraft.

8. Die Beschlagnahme oder Konfiskation beschränkt sich nur auf die Blätter, Hefte oder Bände der Schrift, wegen deren Inhalt Anklage erhoben worden ist.

9. Wer wissentlich eine gültig beschlagnahmte Schrift verbreitet oder verbreiten läßt, wird mit Geldstrafe von 33 Reichstalern 16 Schillingen bis zu 333 Reichstalern 16 Schillingen oder mit Gefängnis von einem Monat bis zu einem Jahr bestraft; ebenso derjenige, der eine konfiszierte Schrift wissentlich verbreitet oder verbreiten läßt.

Diese Bestimmungen finden in den Fällen der Ziffer 14 dieses Paragraphen keine Anwendung.

Erfolgt der Bruch einer Beschlagnahme auf andere Weise als durch strafbares Verbreiten, so bestimmt sich die Strafe nach den allgemeinen Gesetzen.

10. Bezüglich der Verbreitung und Veräußerung aus dem Auslande eingeführter Schriften in schwedischer Sprache hat der Chef der Justizverwaltung dieselben Rechte und Pflichten wie hinsichtlich der im Inlande gedruckten. Die Veräußerer solcher Schriften haben dieselben Pflichten und dieselbe Verantwortlichkeit, wie sie die Buchdrucker nach Absatz 2 dieses Paragraphen trifft.

11. Enthält eine aus dem Auslande eingeführte, in fremder Sprache verfaßte Schrift nach Ansicht des Chefs der Justizverwaltung Verstöße gegen die Ziffern 4, 5, 7, 9, 10 oder 13 des § 3, so hat er nach vorläufiger Beschlagnahme eine Anordnung des Königs darüber herbeizuführen, ob die Schrift zur Veräußerung freizugeben ist oder beschlagnahmt bleiben soll. Zu diesem Zweck hat jeder, der Buchhandel treibt, dem Chef der Justizverwaltung oder dessen Beauftragtem ein Verzeichnis der aus dem Auslande eingeführten Schriften einzureichen. Wird eine von diesen mit Beschlag belegt, so hat der Chef der Justizverwaltung eine Anordnung des Königs darüber herbeizuführen, ob die Schrift zur Veräußerung freigegeben ist oder bis zu ihrer Wiederausführung aus dem Reich beschlagnahmt bleiben soll. Es liegt im Ermessen des Königs, ob und in welcher Höhe dem Buchhändler Ersatz aus Staatsmitteln zu gewähren ist.

12. Werden bei Truppen oder an Bord von Fahrzeugen der Kriegsmarine Schriften gefunden, die offensichtlich darauf ausgehen, das Pflichtgefühl gegen das Vaterland zu beeinträchtigen, Haß gegen

die Vorgesetzten zu erwecken oder den militärischen Gehorsam auf andere Weise zu untergraben, so sind alle Exemplare, die bei der Truppe oder auf dem Schiffe gefunden werden, ohne Rücksicht darauf, ob ihr Inhalt strafbar ist oder nicht, einzuziehen. Der Befehlshaber der Truppe oder des Schiffes hat sofort die nötigen Maßnahmen zur Verhinderung einer Weiterverbreitung der Schrift während der Zeit zu treffen, die bis zur Anordnung der Einziehung vergehen kann. Die Einziehung wird außerhalb Stockholms von den Beauftragten des Chefs der Justizverwaltung, in Stockholm von den vom Chef der Justizverwaltung zu diesem Zweck besonders eingesetzten Personen angeordnet. Die Anordnung ist sofort durch den militärischen Befehlshaber zu vollziehen und unverzüglich von dem, der sie erlassen hat, dem Preßkomitee anzuzeigen, das über ihre Aufrechterhaltung zu entscheiden hat.

Werden für Stockholm mehrere Personen mit der oben bezeichneten Befugnis bestimmt, so ist jedem ein bestimmtes Arbeitsgebiet zuzuweisen.

13. Bei Truppenteilen, die auf Kriegsfuß gestellt werden oder gestellt sind, hat auch der höchste Befehlshaber das Recht, die Einziehung gemäß Ziffer 12 anzuordnen. Die Prüfung über ihre Aufrechterhaltung ist dieselbe.

14. Wer in Kenntnis des Bestehens einer solchen Einziehungsanordnung davon betroffene Schriften bei Truppen oder auf Kriegsfahrzeugen verbreitet oder verbreiten läßt, wird, wenn er unter das Militärstrafgesetz fällt, nach diesem, sonst mit Geldstrafe von 33 Reichstalern 16 Schillingen bis zu 333 Reichstalern 16 Schillingen oder mit Gefängnis von einem Monat bis zu einem Jahre bestraft.

§ 5. 1. Über die Gesetzmäßigkeit des Inhalts beanstandeter Druckschriften ist immer von einem Geschworenenkollegium zu entscheiden. Es besteht aus neun Personen, die bei dem Gericht zusammentreten, vor dem auf Grund dieses Gesetzes Anklage erhoben worden ist und bei dem die Ermittelungen durch Vernehmung der Parteien und die Schlußanführungen des Anklägers und des Angeklagten geführt worden sind.

2. Es werden insgesamt dreizehn, und zwar von jeder Partei vier und vom Gericht fünf in der Stadt oder Provinz wohnende, gut beleumdete Personen zu Geschworenen gewählt. Das Gericht hat von Amts wegen zu prüfen, ob einer von ihnen von der Ausübung des Richteramts ausgeschlossen ist. Danach hat jede Partei ohne Angabe von Gründen je eine von der Gegenpartei und vom Gericht gewählte Person abzulehnen.

3. Nachdem auf diese Weise die Zahl der Geschworenen auf neun herabgesetzt ist, sind sie von dem Gericht so schnell wie mög-

lich einzuberufen, um vor Gericht eine eidliche Versicherung dahin abzugeben, nach bestem Wissen und Gewissen zu entscheiden und unverbrüchliches Schweigen über den Gang der Beratung und die Stimmabgabe der einzelnen Mitglieder zu bewahren.

4. Darauf hat der Richter den Geschworenen eine kurze zusammenfassende schriftliche Darstellung der Art und des Standes der Streitsache zu übergeben, und ihnen folgende Frage vorzulegen: Enthält die Schrift ein Vergehen gegen die gesetzlichen Bestimmungen, auf die sich der Ankläger berufen hat? Die Geschworenen dürfen, nachdem das Gericht sich zurückgezogen hat, nicht eher auseinandergehen, als bis sie über diese Frage mit ja oder nein abgestimmt haben. Zur Verurteilung ist Zweidrittelmehrheit der abgegebenen Stimmen erforderlich. Andernfalls erfolgt Freispruch.

5. Nach Kenntnisnahme von dem Spruch der Geschworenen verkündet das Gericht unverzüglich die Entscheidung, der, je nachdem, die Höhe der verwirkten Strafe oder die dem unschuldigen Angeklagten zu gewährende Genugtuung hinzuzufügen ist.

6. Vergehen gegen dieses Gesetz werden vor dem Ratsgericht der Stadt, in der die beanstandete Schrift gedruckt worden ist oder, wenn sie in Orten ohne eigene Gerichtsbarkeit gedruckt worden ist, vor dem Ratsgericht der Provinzialhauptstadt verhandelt. Die Einlassungsfrist beträgt acht Tage. Ist der Buchdrucker oder Verfasser einer Druckschrift angeklagt oder soll er gehört werden, so hat er sich vor Gericht persönlich einzufinden. Im übrigen finden, soweit nicht in diesem Gesetz ausdrücklich etwas anderes bestimmt ist, die allgemeinen Prozeßvorschriften Anwendung.

7. Nach dem Spruch der Geschworenen hat der Richter die Sache zu entscheiden und seine Entscheidung gemäß § 5 Kap. 25 Rättegangsbalk dem Hofgericht zur Nachprüfung zu unterbreiten. Die Akten in Preßprozessen sind auf jeden Fall zur Nachprüfung vom Untergericht dem Hofgericht zu übersenden.

8. Hat der Chef der Justizverwaltung oder sein Beauftragter auf Grund der Bestimmungen dieses Gesetzes die Beschlagnahme einer Schrift angeordnet, so ist er berechtigt, zu ihrer Durchführung die Hilfe der Präsidenten der Provinzialregierungen, der Magistrate und Amtmänner in Anspruch zu nehmen. Diese haben über den Verlauf der Beschlagnahme und die Zahl der noch bei den Buchhändlern vorgefundenen Exemplare der beanstandeten Schrift einen Bericht in drei Exemplaren anzufertigen, von denen das eine dem Chef der Justizverwaltung oder dessen Beauftragten, das zweite dem Magistrat der Stadt, deren Ratsgericht gemäß § 1 für die Buchdruckerei zuständig ist, und das dritte dem Buchdrucker zuzustellen ist. Der Magistrat ist verpflichtet, mit nächster Post eine Abschrift dieses Berichts an den Justizkanzler zu senden; die Zu-

widerhandlung wird als Amtsvergehen verfolgt. In Stockholm ist dieser Bericht sofort oder spätestens am nächsten Tage dem Justizkanzler abzuliefern. Der Justizkanzler hat in Stockholm acht Tage, anderwärts höchstens drei Wochen nach erfolgter Beschlagnahme die Sache an das zuständige Gericht zu verweisen und einen Ankläger zu bestellen. Das Gericht hat innerhalb von acht Tagen über die Aufrechterhaltung der Beschlagnahme zu entscheiden. Geschieht dies nicht, und ist die Beschlagnahme nicht binnen Monatsfrist aufgehoben, so kann der Buchdrucker die Aufhebung der Beschlagnahme in derselben Weise, wie sie angeordnet worden ist, verlangen. Diesem Verlangen ist bei Amtsverlust zu entsprechen.

Der Chef der Justizverwaltung oder sein Beauftragter darf nur auf die beschriebene Weise eine Beschlagnahme herbeiführen und sich nicht weiter mit der Sache befassen. Er muß sie vielmehr dem Justizkanzler überweisen, der die weiteren Maßnahmen zu ergreifen hat und die Verantwortung für eine gesetzmäßige Behandlung dieser Angelegenheiten trägt. Wird eine Schrift unmittelbar dem Justizkanzler angezeigt, so hat er innerhalb von 14 Tagen durch den von ihm bestellten Ankläger für die gerichtliche Entscheidung der Sache Sorge zu tragen. Er darf jedoch ohne Anhörung und Zustimmung des Chefs der Justizverwaltung oder dessen Beauftragten keine vorläufige Beschlagnahme verfügen. Ist die Sache bei dem ordentlichen Gericht anhängig und hat der Ankläger die Beschlagnahme beantragt, so muß sich das Gericht darüber binnen acht Tagen schlüssig werden, soll aber, wenn es ohne Zeitverlust möglich ist, eine Äußerung des Chefs der Justizverwaltung oder seines Beauftragten einholen. Der Prozeß nimmt, auch wenn die Beschlagnahme abgelehnt wird, seinen Fortgang. Wird dem Antrag auf Beschlagnahme stattgegeben und hat ihm der Chef der Justizverwaltung oder sein Beauftragter zugestimmt, so ist die Beschlagnahme zu vollstrecken. In beiden Fällen ist die Entscheidung des Untergerichts unverzüglich dem Hofgericht zu übersenden, das sofort das Preßkomitee zur Stellungnahme aufzufordern hat. Stimmen dessen Mitglieder der Beschlagnahme zu, so kann das Hofgericht, wenn es ihm richtig erscheint, in seiner Entscheidung die Beschlagnahme bestätigen. Diese dauert dann bis zur rechtskräftigen Erledigung des Rechtsstreites fort. Hat sich das Preßkomitee gegen eine Beschlagnahme ausgesprochen, erkennt aber das Hofgericht trotzdem auf ihre Zulässigkeit, so ist seine Entscheidung nicht vollstreckbar, sondern unterliegt der Nachprüfung des Höchsten Gerichts. Der Justizsachwalter kann bei der Beratung im Höchsten Gericht zugegen sein. Er hat die Protokolle und die Entscheidungen des Höchsten Gerichts in diesen Sachen, falls sich kein privater Verleger findet, sofort auf Staatskosten drucken zu lassen.

9. Der Richter des Untergerichts entscheidet die Sache und unterstellt seine Entscheidungn gemäß § 5 Kap. 25 RB. der Nachprüfung des Hofgerichts. Die Akten in Preßprozessen sind auf jeden Fall vom Untergericht dem Hofgericht zu übersenden.

10. Der Gerichtsstand für Anklagen gemäß § 4 Ziffer 9 und 14 gegen Personen, die nicht den Militärstrafgesetzen unterstehen, bestimmt sich nach den allgemeinen Vorschriften.

Anklagen gemäß § 4 Ziffer 14 gegen Personen, die den Militärstrafgesetzen unterstehen, sind vor dem Kriegsgericht zu erheben. Auf das Verfahren finden die sonst für diese Gerichte geltenden Vorschriften Anwendung, jedoch mit der Maßgabe, daß immer eine Nachprüfung im Sinne der obigen Bestimmungen stattzufinden hat.

11. Werden Einzelpersonen durch Druckschriften angegriffen und geschieht dies nicht in oder wegen ihrer etwaigen amtlichen Tätigkeit, so können nur die Verletzten selbst Anklage erheben. Der öffentliche Ankläger darf solche Angelegenheiten nicht in seine Anklagen aufnehmen. Der Privatkläger kann jedoch bei dem Justizkanzler für den Prozeß die Beiordnung eines Staatsanwalts verlangen. Der Justizkanzler entscheidet über solche Anträge nach freiem Ermessen. Das Fernbleiben des Staatsanwalts kann jedoch die Behandlung der Sache und ihre Entscheidung durch das Gericht nicht verzögern. Auf das Privatklageverfahren finden in allen Beziehungen neben den Bestimmungen dieses Gesetzes die allgemeinen Vorschriften Anwendung; doch kann der Unterrichter bei solchen Streitigkeiten ohne vorherige Anfrage bei dem Chef der Justizverwaltung oder dessen Beauftragtem die Frage einer etwaigen Beschlagnahme erörtern und entscheiden. Gegen die Entscheidung steht beiden Parteien die Beschwerde an das Obergericht zu, durch deren Einlegung die Vollstreckung der Beschlagnahme gehemmt wird.

12. In Beschlagnahmesachen ist es Amtspflicht der Präsidenten der Provinzialregierungen, Magistrate und Amtmänner, unter allen Umständen ihre Mitwirkung zu leihen. Doch dürfen Exemplare einer im Inlande erschienenen Schrift nicht bei den Buchhändlern und sonstigen Verbreitern beschlagnahmt werden, ohne daß der Nachweis geführt werden kann, daß die Schrift am Druckort mit Beschlag belegt worden ist, es sei denn, daß sie entgegen der Vorschrift des § 4 Ziffer 2 dem Chef der Justizverwaltung oder dessen Beauftragten nicht eingereicht worden ist.

13. Zeigen die Gesandten eines oder mehrerer ausländischer Mächte oder deren Regierungen an, daß eine in Schweden erschienene oder hierher eingeführte Schrift ihrem Inhalt nach Unzufriedenheit bei anderen Mächten erregen kann, so kann der König die nach der Sachlage erforderlichen Anordnungen treffen, ins-

besondere auch, wenn er es für zweckmäßig hält, die Schrift durch den Chef der Justizverwaltung oder den Justizkanzler bei dem Buchdrucker als Veräußerer oder bei anderen Verbreitern sequestrieren und einziehen lassen; die Bestimmungen über die Beschlagnahme finden entsprechende Anwendung. Überweist einer dieser mit der Ausführung betrauten Beamten die Schrift nicht zwecks Anklageerhebung dem Ankläger bei dem zuständigen Gericht, so hat er unverzüglich eine Äußerung des Preßkomitees über die fragliche Schrift herbeizuführen. Kommen dessen Mitglieder, die politische Erwägungen bei ihren Überlegungen auszuschalten haben, zu dem Ergebnis, daß nach dem Buchstaben des Gesetzes Anklage nicht erhoben werden kann, so entscheidet der König nach freiem Ermessen, ob dem Verleger oder Buchdrucker für die Kosten der Drucklegung und des Papiers eine größere oder geringere Entschädigung aus Staatsmitteln zu gewähren ist.

14. Sollte der unwahrscheinliche Fall eintreten, daß die Mitglieder des Preßkomitees auf Grund des § 108 der Verfassung zur Verantwortung gezogen werden, so entscheidet auf die Anklage des dortigen Advocatfiscals das Svea Hovrätt. Das Urteil ist sofort nach seiner Verkündung nebst allen dazu gehörigen Urkunden und Protokollen auf Staatskosten zu drucken und allgemein bekannt zu machen. Geht die Sache an das Höchste Gericht, ist ebenso zu verfahren. Der Nachfolger des Justizsachwalters ist in diesen Fällen verpflichtet, dessen Befugnisse auszuüben, insbesondere die Drucklegung der Prozeßakten zu betreiben und den Beratungen des Höchsten Gerichts beizuwohnen.

15. Es ist Amtspflicht der Richter und Beamten, alle Verfahren, die Vergehen gegen dies Gesetz betreffen, mit der größten Beschleunigung zu Ende zu führen und, wenn mehrere verschiedene Vergehen in Frage stehen, die Preßvergehen gesondert zu verhandeln. Ebenso sind, falls der Angeklagte wegen anderer Straftaten nicht schon zum Tode oder zu lebenslänglicher Zwangsarbeit verurteilt ist, alle auf Grund dieses Gesetzes verhängten Strafen besonders zu verbüßen.

Die auf Grund dieses Gesetzes verkündeten Geldstrafen werden nach den allgemeinen Bestimmungen umgewandelt.

16. Die auf Grund dieses Gesetzes erkannten Geldstrafen fließen in die Staatskasse, ausgenommen in den Fällen, in denen sie nach den obigen Bestimmungen dem Privatkläger allein zustehen.

Zur weiteren Gewißheit haben wir dies mit unseren Namen und Insiegel bestätigt und bekräftigt.

Geschehen zu Örebro, 16. Juli 1812.

Unterschriften der Ständevertreter.

Dies alles wollen Wir nicht nur selbst als geltendes Grundgesetz anerkennen, sondern gebieten und befehlen auch in Gnaden allen denen, die Uns, Unseren Nachfolgern und dem Reiche in Huld, Treuen und Gehorsam verbunden sind, diese Preßverordnung anzuerkennen, zu beachten und gehorsam zu befolgen. Zu weiterer Gewißheit haben Wir dies mit eigener Hand unterschrieben und bekräftigt und Unser Königliches Insiegel daran gehängt.

Örebro, 16. Juli 1812. (gez.) Carl.

FSC
www.fsc.org
MIX
Papier | Fördert gute Waldnutzung
FSC® C083411

Kolibri 360 GmbH
Ferdinand-Jühlke-Straße 7
99095 Erfurt, Deutschland
produktsicherheit@kolibri360.de